**图书在版编目(CIP)数据**

吴珍撷粹 ：苏州市第一次全国可移动文物普查精品
选录 ／ 尹占群主编． —— 北京 ：文物出版社，2016.12
ISBN 978-7-5010-4755-0

Ⅰ．①吴… Ⅱ．①尹… Ⅲ．①文物－苏州－图录
Ⅳ．①K872.533.2

中国版本图书馆CIP数据核字(2016)第216308号

# 吴珍撷萃

## ——苏州市第一次全国可移动文物普查精品选录

苏州市文物局 编著

责任编辑：张昌倬
书籍设计：特木热
责任印制：梁秋卉

出版发行：文物出版社
社　　址：北京市东直门内北小街2号楼
邮　　编：100007
网　　址：www.wenwu.com
邮　　箱：web@wenwu.com
经　　销：新华书店
印　　刷：北京金彩印刷有限公司
开　　本：889×1194　1/16
印　　张：13
版　　次：2016年12月第1版
印　　次：2016年12月第1次印刷
书　　号：ISBN 978-7-5010-4755-0
定　　价：230.00元

# 吴珍撷萃

苏州市第一次全国可移动文物普查精品选录

苏州市文物局 编著

文物出版社

**主　编：**

尹占群

**副主编：**

潘国英　钱兆悦　李　爽

**编　务：**

徐苏君　漆跃文　刘　涛

王　霞　陈小玲　刘　剑

张颖婷　符倩倩　徐耀民

浦　强　沈亚飞　张　蕾

高　倩　韩冰青　朱恪勤

吴金同　黄景新　吴琛瑜

陈　颖　范金燕　胡松庆

姚　远　龚继平　赵　壮

沈　淼

# 前 言

浩如烟海、灿若星河的可移动文物，是华夏璀璨文明的真实见证，是人类宝贵物质文化遗产的重要组成部分。第一次全国可移动文物普查是继第三次全国文物普查之后，在文化领域开展的又一次大摸底大调查，是全面掌握现有文物资源、加强文化保护、建设文化遗产强国的又一项系统性国家工程。

苏州素有东南收藏重镇之美誉，拥有种类丰富、数量庞大的可移动文物资源。然其大多藏在闺中人未识，尤其文物系统外的国有单位收藏文物，更是知之甚少。开展第一次全国可移动文物普查工作，不仅有利于全面掌握苏州市现存国有可移动文物的数量分布、保存状况和使用管理等情况，进一步健全可移动文物保护体系和机制，更有助于促进文物资源整合利用，有效发挥文物在经济社会发展中的积极作用。

苏州市第一次全国可移动文物普查工作于 2013 年 7 月正式启动，2014 年 12 月，苏州市文物普查认定及信息采集登录工作完成，较国家确定的普查时间节点提前一年，是全国首个全面完成普查信息数据录入工作的地级市。

经组织专家遴选，我们从本次可移动文物普查成果中精选 23 家国有单位的藏品 172 件 / 套，编辑出版文物普查精品选录。选录文物来源丰富，除博物馆、考古所等专业机构外，还有政府部门、医院、国有企业等其他国有收藏单位。藏品年代序列完整，从新石器时代直至近现代，反映了苏州历史文化传承演变的清晰脉络。文物精品涵盖门类多样，包括石器、陶器、铜器、玉器、瓷器、书画、家具、文房用具、竹木牙角器等，体现了苏州深厚的历史文化底蕴。

本书是苏州市第一次全国可移动文物普查工作成果的汇总整理，也是全市国有文物珍品的群集荟萃。希望通过本书的出版，能让更多人了解文物、热爱文物，进一步加强文物资源的整合利用，为苏州文化建设迈上新台阶发挥应有的积极作用。

# 目录

▲ 新石器时代 **石钺**

长 15 厘米　刃宽 23 厘米
厚 0.2 厘米
苏州市考古研究所藏

◎ 青灰色，呈"风"字形，形制规整，器身扁薄。上部对钻出圆孔，弧刃，两端上翘。刃部完整，无使用痕迹，当属礼仪用具。

▶ 新石器时代 **石锛**

长 14.1 厘米　宽 5.2 厘米
厚 2.2 厘米
常熟博物馆藏

◎ 灰色，扁平长条形，表面有黛绿和黄色斑点。单面平刃，背面上端减地成段，刃部斜直规整，通体磨光精致。

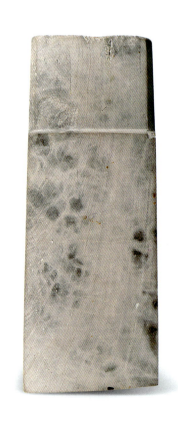

▲ **新石器时代 石斧**

长 18.2 厘米 宽 14 厘米 厚 3.4 厘米
相城区望亭镇政府藏
1990 年月城遗址出土

◎ 青色，呈梯形。扁平刀，头部刻有水波纹图案，正中部刻划符号形似一条龙，或为古代部落首领权利的象征。

◀ **新石器时代 石镞**

长 5.85 厘米 宽 1.85 厘米 高 0.48 厘米
张家港博物馆藏
东山村遗址出土

◎ 石质青灰，平面呈长菱形，横截面呈扁菱形，扁平短铤，两翼微弧，脊部突起，磨制精细，器型规整，表面有使用痕迹。

▶ **新石器时代　石锥**

长 8.4 厘米　宽 2.4 厘米　高 2 厘米
张家港博物馆藏
东山村遗址 M90 出土

◎　石质灰褐色，锥尖刃扁平，通体磨光，
器身有一疤痕，有明显使用痕迹。石锥含
铁量较高，用磁铁靠近可吸住。出土时石
锥位于墓主头部的右上方，头部下方有一
件断为两段的砺石以及一堆石英砂。

▼ **新石器时代　石犁**

横宽 21.2 厘米　纵高 8.48 厘米
张家港市凤凰镇政府藏

◎　器薄扁平，呈三角形，单面刃，刃部锋利，
通体磨制。

◀ **商周　石镰**

长 17.3 厘米　宽 4.5 厘米　厚 0.4 厘米
苏州市考古研究所藏
2013 年尹山汽车城项目工地出土

◎ 石质灰色，弧形，器身扁薄，单边弧刃，
两端上翘，上部中间对钻两圆孔，应为生
产农具。

▼ 新石器时代　**泥质红陶盆**

口径 19.7 厘米　底径 6.2 厘米　高 6 厘米
吴江博物馆藏
1996 年桃源镇广福村遗址出土

◎ 泥质红陶。圆唇，侈口，平折沿，浅腹，
腹部自上而下内收，平底。手制轮修而成，
通体素面。

▶ 新石器时代 **泥质灰陶四足方壶**

口径 6.7 厘米 通高 26.8 厘米
吴江博物馆藏
2003 年同里遗址出土

◎ 泥质灰陶。圆唇，子母口微敞，长颈，颈下
至腹渐转为方形，平底，四角附有四足，器底呈
座状。口附一器盖，略为喇叭型，圆唇，子母口。
整器磨光，素面无纹。

▼ 新石器时代 **彩绘黑皮陶豆**

口径 15.6 厘米 底径 8.4 厘米 高 8.6 厘米
苏州市考古研究所藏

◎ 泥质黑陶。敞口，折腹，粗矮柄，下端外撇
呈喇叭形，柄身圆形镂孔。器身施红色彩绘，应
是器物烧成后，直接在器表涂绘而成，或为礼器。

### 新石器时代 **黑皮陶刻划纹壶**

口径5.9厘米 高10.6厘米 底径7.9厘米
昆山市文物管理所藏
太史淀遗址出土

◎ 泥质黑皮陶。直口，尖圆唇，靠近口沿部
对饰双鼻，直长颈，圆鼓腹，圈足。颈部、腹
部浅刻67个刻划符号，形似飞禽，排列有序，
纵横成行。通器轮制，胎体较薄。

### 新石器时代
## 黑皮陶鸟纹宽把杯

口径 6.7 厘米　底径 7.8 厘米
高 18.8 厘米
昆山市文物管理所藏
绰墩遗址出土

◎ 泥质黑皮陶。侈口，鸭嘴形流，筒形腹，
矮圈足。通体菱形网格纹，内刻鸟形纹，
流下及圈足上饰稻穗状纹。肩至下腹附有
一宽把，其上贴 40 余根泥条附加堆纹。

## 新石器时代 黑皮陶鳖形壶

高 10.6 厘米 口径 4.7 厘米 腹径 17 厘米
吴中区文物管理委员会办公室藏
1974 年澄湖遗址出土

◎ 泥质黑皮陶，形似一卧伏大黑鳖。身体长
圆光滑，空腹，背部隆起，四周裙边和背脊
作成断凿状，附加堆纹，四爪微伸，成各带
两个针眼小孔的鳖系，翘首，头端开口成壶嘴，
体后有一短小尾巴。

新石器时代 **宽鋬带流黑陶杯**

底径 7.1 厘米 高 16.7 厘米
吴中区文物管理委员会办公室藏
1974 年澄湖遗址出土

◎ 泥质黑陶。侈口，带鸭嘴形流，束颈，
折肩，筒腹微鼓，圈足外撇，平底。肩腹
部置有宽扁环形鋬，鋬上端钻有二个小穿
孔。器形规整，器壁厚薄均匀，器表打磨
光滑，鋬、流装饰奇特。

▶ 新石器时代 **彩绘陶球**

直径 4 厘米
张家港博物馆藏
徐家湾遗址出土

◎ 泥质灰白陶，实心圆形，施灰色陶衣，
通体饰朱红褐色彩绘涡纹。质地细腻，烧
制火候较高。

▶ 新石器时代 **陶纺轮**

直径 4.2~5.1 厘米  孔径 0.7 厘米
张家港博物馆藏
东山村遗址出土

◎ 泥质灰陶。圆形扁体，纺织工具。平面
边缘满刻大小蝌蚪形纹，侧面刻 5 颗太阳
形纹及 7 条水波弦纹。

### 夏商　红陶鸭形壶

口径 14.3 厘米　长 22.3 厘米
宽 15 厘米　高 15.4 厘米
吴中区文物管理委员会办公室藏
1974 年澄湖遗址出土

◎ 泥质红陶。形似鸭，侈口，折沿，束颈，
鼓腹，圈底内凹，后部有短尾。口沿施弦纹，
背部置一宽扁环形鋬，肩腹底部拍印篮纹。

## 商周　陶鬲

口径 18.2 厘米　腹径 21.4 厘米
通高 14.8 厘米
苏州市考古研究所藏

◎ 泥质红陶。敛口，小折沿，束颈，鼓腹，
实心足。腹肩结合处饰两周凹弦纹，腹部
饰席纹，足部有削痕。

## 战国 兽首釉陶壶

直径 9 厘米  通高 17 厘米
苏州市考古研究所藏
2010 年华山遗址出土

◎ 壶上部塑一兽首，耳鼻眼等五官及胡须
清晰可见，脊梁处开孔为壶口，壶身大体
为上部略细的圆柱状，平底，腹部刻划弦纹，
两个一组，共 5 组，每组弦纹间饰水波纹，
釉已大部脱落。

## 东周 **越式陶鼎**

口径 12.8 厘米 高 14.5 厘米
苏州市考古研究所藏

◎ 泥质灰陶。上部呈浅盘形，平沿，下部
三足刮削成外撇状，足上方聚于浅盘底部，
下方近蹄形。

## 西汉　釉陶熏

口径 7.3 厘米　底径 6.2 厘米　高 12 厘米
苏州市考古研究所藏
2010 年华山遗址出土

◎　子母口，斜直壁，器壁饰镂空三角形，
腹渐内收，圈足。器盖面饰戳印纹及镂空三
角形，钮如一塔尖，两层，顶部矗立一只鸟，
盖釉保存完好。

▲ 东汉　釉陶麟趾金

直径 5.5 厘米　高 2.5 厘米
苏州市考古研究所藏
2011 年虎丘宋家坟遗址出土

◎　釉陶质，共 9 枚。模制半球形，正面为
球面状，遍布凸起麟趾图案，背面微凹为
素面。

▶ 东汉　陶灶模型

长 37 厘米　宽 18 厘米　高 15.5 厘米
苏州市考古研究所藏
2011 年虎丘宋家坟遗址出土

◎　红陶质。由灶、双耳盆、盆、大罐、小
罐 5 件器物组合而成。

宋　**有盖六角形陶谷仓**

口边长 12 厘米　底边长 13 厘米

通高 30.9 厘米

吴江博物馆藏

1974 年九里湖遗址出土

◎ 灰白陶。六角形，带扁平盖，上无捉手。
腹部呈直筒状，六面均刻有"田"字状假窗，
底承六个假足。

▲ 清·道光 "申锡"款汉砖文
方形紫砂壶

底边长 13.4 厘米 通高 11 厘米
苏州文物商店藏

◎ 壶身呈长方形，由下至上渐敛，腹略鼓，
一侧出方形短流，另一侧出弯月形持把；壶
盖密压，盖口吻合，上塑覆斗形钮，盖内钤
印"申锡"。壶身镌刻诗文，底落"茶熟香温"款。
此壶砂质温润细腻，色呈熟栗，造型古朴端庄，
线条挺括周正。
申锡，字子贻，生卒不详，江苏宜兴人。笃
志壶艺，精于雕刻，善用白泥。曾与杨彭年、
朱石梅等合作制壶。民国李景康、张虹《阳
羡砂壶图考》赞其："考清代阳羡壶艺，蔚
为名家者，当推子贻为后劲，此后则有广陵
绝响之叹矣。"

▶ 春秋 原始瓷甬钟

底径 21.3 厘米 高 39.2 厘米
苏州东吴博物馆藏

◎ 仿青铜器。甬柱为圆柱形，有悬鼻钮，上
饰网格纹和凸弦纹。甬中空，呈十棱形，钲
鼓部截面呈合瓦形。枚呈乳突状，每一区间
有九个，共 36 个，间刻有"S"形纹饰。通
体施釉，釉色泛黄。

## 战国　釉陶提梁盉

口径 6 厘米　腹径 16.5 厘米　高 19 厘米
苏州市考古研究所藏
2010 年华山遗址出土

◎　直口，广肩，圆弧腹，肩侧附龙首形流，
另一侧贴塑兽尾，流与尾间有一拱形提梁，
上有两段齿纹脊棱，形似龙体。器身饰三组
弦纹，每组两道，弦纹间填整齐的刻划 S 纹，
底附三兽蹄形足。通体施青釉，釉青绿色。

▲ **西汉 原始青瓷流**

口径 8.7 厘米 底径 19.7 厘米
腹径 41.6 厘米 高 24.6 厘米
苏州东吴博物馆藏

◎ 直口，丰肩，圆形腹，肩部刻数道弦纹与
水波纹，附有对称如意纹双耳，肩腹部一侧
置槽形长流，流饰网格纹，后有系钮，肩下
渐收至底，置三矮足。胎呈灰白色，釉色青
微泛黄。

◀ **三国东吴 青瓷鹰尊**

口径 7.2 厘米 底径 12.8 厘米
腹径 19.6 厘米 高 25.2 厘米
苏州东吴博物馆藏

◎ 整器以鹰体为型，鹰头圆目勾喙，鼓腹两
侧刻划丰盛双翼，双足。釉色自然匀润。

## 西晋　越窑青瓷扁壶

高 25.8 厘米　口径 5.4 厘米

吴中区文物管理委员会办公室藏

1976 年枫桥镇狮子山西晋一号墓出土

◎　器身扁圆形，方唇直口，肩部以菱形与联
珠纹组成条形装饰带。前、后腹以联珠纹构成
鸡心形图案，并贴塑铺兽衔环各一个。两侧肩
部与下腹部置四个环行系。椭圆形高圈足，外
撇。器表施茶绿色透明釉，内底露褐红色胎。

## 西晋 青瓷兔形水注

高 6.1 厘米　口径 1.9 厘米　底径 4.0 厘米
吴中区文物管理委员会办公室藏
1976 年枫桥镇狮子山西晋一号墓出土

◎ 扁圆状兔形，兔为圆目，竖耳、人字形嘴、
短尾，四足屈缩卧伏状。背部有圆柱形口。
器表施茶绿色釉。

### 西晋 越窑青瓷魂瓶

通高 46.5 厘米　腹径 24.8 厘米
吴中区文物管理委员会办公室藏
1976 年枫桥镇狮子山西晋一号墓出土

◎ 魂瓶，又称堆塑罐、谷仓罐。整器可分盖、体两部分。盖底方形，上堆塑一组庄园建筑，四周有院墙，墙正中开有花窗，院墙四周塑有龙首形吻兽。院中央有四方形重檐楼阁一座，戗角卷翘。瓶口圆形。瓶颈部两重宽檐把堆塑分为上、下两层。上层等距离围塑四个小罐，其间塑有前后檐屋，以两只跪熊作檐柱，六只飞鸟栖息。下层设前后门屋各一间，以熊形动物作檐口支柱，内开四方孔前后可贯通。前后屋两侧分塑佛像两组，每组四人。佛像头戴高耸的帕结，身披袈裟，双手合抱，双腿盘曲坐在莲花蒲团上。两层堆塑中设有前后双阙门。据出土墓室"元康五年七月十八日"封门砖看，此瓶为元康五年（295 年）以前之物。

▼ 西晋 **青瓷神兽尊**

口径 12.5 厘米　底径 16.4 厘米
腹径 22.3 厘米　高 31.3 厘米
苏州东吴博物馆藏

◎ 盘口，束颈。腹部形似一神兽，鼓目大口，
小兽作双耳，上肢置前，下肢附着平底站立。
釉色莹润。

▶ 东晋 **青瓷羊尊**

高 13.7 厘米　长 15.5 厘米
吴中区文物管理委员会办公室藏
1991 年东渚镇宝山东晋墓出土

◎ 蹲伏状羊形，体态丰健，昂首，双目前视，
两耳贴脑后，角曲卷，嘴微张，颔下有须，
两肋刻划羽翼纹，四肢蜷曲，臀部紧贴短尾。
羊头中空，顶端有一圆孔，可以插物。通体
施青绿釉，匀净无瑕。

北朝 **青瓷莲花尊**

口径 14.9 厘米　底径 15.8 厘米
腹径 28.8 厘米　高 57.8 厘米
苏州东吴博物馆藏

◎ 侈口，圆唇，束颈，鼓腹，平底外撇，带
盖。颈饰飞天纹，腹饰宝相花、飞天、神兽、
蟠螭、莲瓣纹等。通体施釉，釉色青翠晶莹，
积釉处色如翡翠。

### 唐 青瓷碟

底径 5.6 厘米 口径 13.2 厘米 高 2.7 厘米
张家港博物馆藏

◎ 敞口，浅腹，底有四支钉痕印，矮圈足。
胎细紧密，内外施青釉，外壁釉不及底，釉
色晶莹，有冰裂纹。

## 唐 青瓷象首流净瓶

口径 5.3 厘米　底径 7.7 厘米
腹径 13.2 厘米　高 28.3 厘米
苏州东吴博物馆藏

◎ 敞口，喇叭颈，溜肩，浑圆腹，圈足。肩部贴塑一象首，形态栩栩如生。灰白胎，施青釉，釉色匀净。
净瓶，梵语军持，是典型的佛教法器，容水用具。

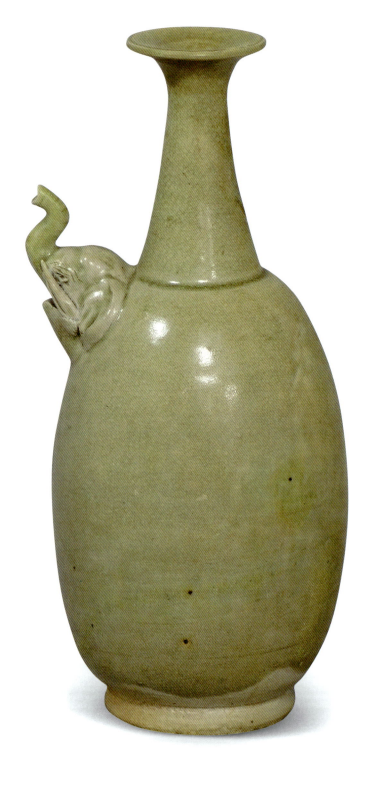

### 唐 三彩凤首执壶

口径6厘米 底径5.8厘米 高17.2厘米
吴中区文物管理委员会办公室藏

◎ 盘口，外侈，束颈，深鼓腹，腹部向下渐内收，假圈足，平底。肩部对置双环形系，作重瓣状，颈刻凹弦纹二道，一侧从沿口至肩部连接着凤首执柄，凤冠高耸，另一侧肩部伸出一小凤首，在器物上可清晰地看到堆塑双耳时留下的指印纹。器身施三彩釉，黄、绿、褐色块相结合，釉不及底，胎釉结合不牢固，有剥釉现象，腹下部及底露胎，胎呈灰白色。

## 唐　三彩枕

长 12.2 厘米　宽 9.9 厘米
高 4.7 ～ 5.5 厘米
昆山市文物管理所藏
张浦镇南港陆万昭墓出土

◎ 长方形，通体饰斑彩图案，黄、绿、蓝
三彩相间，色彩谐丽，古朴典雅。

宋　执壶

腹径 12 厘米　高 22 厘米
苏州市考古研究所藏

◎　敛口、细颈、圆腹、长流、藤形曲柄、
下腹渐收至平底。壶附小平盖，上有拱形钮。
肩腹饰菊花纹，腹部左右对称团花图案，
壶底为莲瓣装饰。通体青釉，釉色淡青闪黄。

## 宋 影青子母粉盒

直径 13.3 厘米　通高 5.6 厘米

苏州文物商店藏

◎ 扁圆形，子母口，盒内捏塑荷叶及小粉
罐，以缠枝花卉呈"品"字形相间，圈足。
盒顶刻划折枝花卉，飘逸俊美。胎体致密，
釉质光亮润彻。

## 宋 龙泉窑盖罐

口径 6.8 厘米  底径 3.8 厘米  高 5.3 厘米
太仓博物馆藏
1979 年璜泾镇宋墓出土

◎ 圆口，短颈，丰肩，弧腹渐收，圈足。覆圆形盖，圆钮扁平。外施青釉，釉色润泽。

## 金 磁州窑白釉黑花牡丹纹虎枕

长 30.5 厘米 高 14.65 厘米
吴江博物馆藏

◎ 伏虎状。四肢匍伏，虎头平卧前肢，嘴微闭，
獠牙外露，虎目炯炯注视前方，两耳孔为出气孔。
虎背上为中间微凹的如意形枕面，枕面左右上翘
向前微倾，虎尾盘至后肢爪上。虎皮周身纹笔粗
放，流畅自然，枕面四侧绘黑彩，面沿边绘二周
黑线，中绘一牡丹，四周配叶，间以平行黑线托
出花叶。胎质灰白微黄，周施黑褐彩釉。

## 元 青瓷仰莲纹碗

口径 19.4 厘米  底径 6.4 厘米
高 8.5 厘米
张家港博物馆藏

◎ 敞口，曲腹，壁刻长形莲瓣纹，小圈足。
内外施青釉，釉色均匀晶透。

## 元 龙泉窑孔雀莲瓣纹碗

口径 20.4 厘米  底径 5.6 厘米
高 9 厘米
苏州文物商店藏

◎ 敞口，斜弧形深腹，圈足。碗外壁自上
至下分刻回纹、团花纹和莲瓣纹，碗内口
沿饰缠枝花卉纹，内壁绘凤穿花卉纹，碗
心刻莲心纹。通体施青釉，釉质肥润。

## 明·洪武 **釉里红缠枝花纹菱口盏托**

口径 19 厘米 底径 11.4 厘米

通高 2.5 厘米

苏州文物商店藏

◎ 菱花形，板沿，弧壁，浅腹，中心有一圈凸起的圆形托圈以安放盏杯，浅圈足，细砂底，露大片火石红。胎体厚重，胎质精细。两面均以釉里红绘花卉纹样。盏托盘面的图案装饰分四层：板沿以卷草纹作边饰，盘壁绘八组折枝花卉，盘底外圈绘六朵缠枝扁菊纹，盏托中央绘牡丹花一枝。外壁绘饰一周互不相连的莲瓣纹。

## 明 白釉暗花执壶

口径 4.3 厘米 底径 5.6 厘米 高 17.9 厘米
吴中区文物管理委员会办公室藏

◎ 盘口，颈部细长，溜肩圆腹，接胎，矮圈足。执壶以玉壶春瓶为壶身，加了把柄和口流。把高，流长，流贴附于腹上，流较宋代为长，高度稍低于壶口，为便于流水，嘴向下倾斜，在流颈之间，连以"S"形饰物。柄与流对称，下端也贴附于腹部，柄上端有一环形小系，可绶系以连盖，高度稍低于流。盖扣于盘口上，子母口，盖面圆形隆起，盖缘外撇，顶部堆塑宝珠钮。通体施白釉，颈下二侧阴刻圆圈纹，从肩至腹二侧阴刻缠枝牡丹纹。

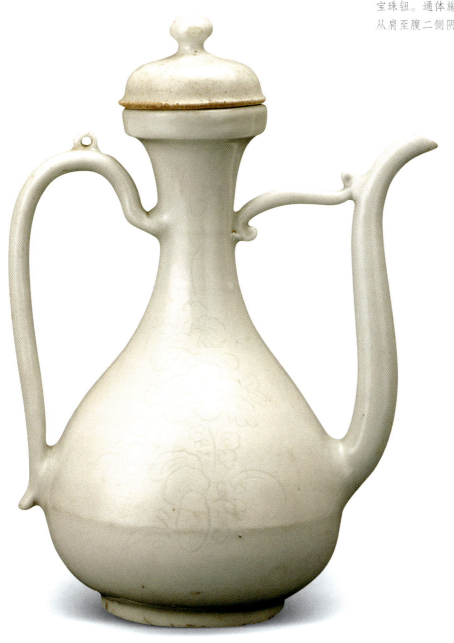

## 明·弘治　黄地青花折枝花果纹盘

口径 26.3 厘米　底径 16.7 厘米　高 4.8 厘米
苏州文物商店藏

◎ 撇口，弧腹，圈足。黄釉地，盘中心绘折枝
栀子花纹，内壁饰以葡萄、石榴、寿桃、荷花
四种祥花瑞果，外壁绘一周缠枝茶花纹。底落"大
明弘治年制"六字二行青花双圈楷书款。

## 明·永乐 **菱花边形青花大盆**

口径 37.4 厘米 底径 24 厘米 通高 7.4 厘米
太仓博物馆藏

◎ 葵口，折沿，弧腹，器口及内壁为十二瓣花形，内外腹壁每一凹棱绘一组折枝花卉，盘内心以缠枝花卉图案，折沿以缠枝花卉边纹修饰。砂底无釉，有火石红。胎体细腻洁白，釉面肥厚滋润，釉色呈淡淡的湖水青，青花以进口苏麻离青料描绘，含铁量高，有沁入胎骨的"铁锈斑"。

## 明·永乐 **甜白釉暗刻缠枝花卉纹墩式碗**

口径 17.5 厘米　足径 9.3 厘米　高 8.6 厘米
常熟博物馆藏

◎ 直口，呈墩式，小圈足。通体暗刻花卉，碗心双圈内饰一折枝牡丹，外壁为六组缠枝牡丹。胎薄而白，通体施釉，釉色白中微闪肉红，光莹细洁。

### 明·正德 青花缠枝茶花纹宫碗

口径 25.8 厘米　足径 14.5 厘米　高 12.5 厘米
常熟博物馆藏

◎ 直口，深腹，圈足。碗心双圈内饰一折枝牡丹，外壁绘缠枝茶花八组，上下边饰分别为带状如意纹及覆体仰莲。底部以青花书"正德年制"楷书款。胎骨坚致，内壁有旋痕，釉色白中闪青。

▲ **明·嘉靖 青花"福寿康宁"**
**卧足碗**

口径 12.7 厘米 底径 4 厘米 高 4.8 厘米
苏州文物商店藏

◎ 敞口，弧腹，卧足。碗心绘一立龙，内壁
饰缠枝花卉纹，其间又书"福寿康宁"四字，
外壁绘双龙赶珠纹，威武矫健，碗底青花双圈
内落"大明嘉靖年制"六字二行楷书款。胎体
细腻缜密，釉面光润淡雅。

▶ **明·万历 青花莲瓣纹盘**

口径 19.5 厘米 底径 5.5 厘米 通高 5 厘米
苏州文物商店藏

◎ 莲花为形，呈十六瓣花口。器心书梵文，
口沿各花瓣内饰青花绘卷云纹，器外壁以梵文
和花卉交替反复，下承圈足，底部青花双圈内
落楷书"大明万历年制"六字两行款。胎体
致密，釉质温润。

## 明 青花缠枝莲纹盆

口径 40.2 厘米　底径 26.8 厘米　高 7.7 厘米
昆山市文物管理所藏

◎ 浅腹坦底，矮圈足，器表施釉，釉层纯净，底足露胎
处有火石红痕。胎质细腻洁白，白胎上使用进口钴料"苏
麻离青"绘出主题纹饰，上罩一层亮度极高的透明釉，釉
层亮丽，深蓝中闪烁着金属光泽的褐色斑点。

**清·顺治 酱色釉暗刻云龙纹盘**

口径 21.3 厘米  足径 12.2 厘米  高 3.4 厘米
常熟博物馆藏

◎ 敞口，浅腹，盘内施白釉，釉色白中闪青。盘心暗刻四爪龙一条，龙形雄壮威猛，长须飘拂，圆眼怒睁，作奋起直追前方火珠状，四周则环饰海水及如意云纹。图案线条简洁，画面生动活泼。外壁施酱色釉，口沿刷一圈酱黄釉。底部青花书"大清顺治年制"六字双圈楷书款。

## 清·康熙 **青花岁寒三友图盘**

口径 20.4 厘米　高 3.1 厘米
常熟博物馆藏

◎ 清康熙仿宣德款制瓷。盘敞口，折沿，浅腹，
宽圈足。盆内壁近口沿处饰双蓝圈，内心饰
松竹梅图案，松竹梅外饰以双蓝圈。盆外壁
腹部饰青花松竹梅纹二组。圈足外墙饰双蓝
圈，底部中心部位以青花书"大明宣德年制"
六字两行竖式楷书款，款外围以双蓝圈。

## 清·雍正 **青花鸡心碗**

口径 11.1 厘米　足径 4.8 厘米　高 7.05 厘米
吴江博物馆藏

◎ 敞口，深腹，内底下凹，外底凸出似鸡心状，小圈足。圈足的底部外侧像鸡心状突起，碗上部绘有青花水波纹，收腹处绘一周鱼鳞。

## 清·乾隆 斗彩团花纹罐

口径 5.7 厘米 底径 6.3 厘米 高 11.2 厘米
苏州文物商店藏

◎ 唇口，直颈，溜肩，平底，浅圈足。肩、颈部以斗彩绘两周如意云头纹，腹部饰团花和折枝花卉，线条细腻柔韧，色泽清秀雅致。胎体糯而致密，器身内外均施白釉，釉面莹润。

## 清末民初 **猫枕**

长 25.5 厘米 高 13.5 厘米
吴中区文物管理委员会办公室藏

◎ 枕作猫形。猫为双目圆睁，宽鼻，阔嘴，长须横出，猫尾卷屈，侧首卧伏状。枕以猫背为面，器底平整，平面为椭圆形。从实物观察，此枕制作颇具特色，枕心内空，枕体是前后合模拼合而成。器表先在胎体上施一层白色化妆土，后罩一层透明釉，并以褐彩勾绘出猫的五官及身上色块，同时在猫背上用钴蓝绘出两枝折枝花草，再入窑焙烧而成。此枕从胎质、釉色看，属清末民初北方磁州窑系的产品。

新石器时代　半璧形齿缘玉璜

长 12.2 厘米　宽 5.9 厘米　厚 0.1 ～ 0.4 厘米
昆山市文物管理所藏
姜里遗址出土

◎　白灰色，夹杂深灰斑点。半璧形，外边缘磨
刻 50 个齿牙，圆心处有一半圆孔，两端各有一
小穿孔。

◀ 新石器时代 **异形玉饰**

长 3.9 厘米
张家港博物馆藏
东山村遗址出土

◎ 整体呈钥匙状，一侧为圆形，上有穿孔，
另一侧近三角形，一边刻有凹槽，用途不
明。出土时位于墓主上身偏左侧。

◀ 新石器时代 **冠状玉饰**

顶边长 5.8 厘米 底边长 4.12 厘米
高 3.15 厘米
昆山市文物管理所藏
赵陵山遗址出土

◎ 青绿色，有褐斑。扁平，呈倒梯形。上
端中部琢成尖顶弧凸形的冠顶状，下端锯
割出扁榫，榫上有三个等距的小透孔。冠
顶正下方钻挖一个椭圆形镂空。

### 新石器时代 玉杖头

高 4.4 厘米　上宽 9.1 厘米　下宽 5.7 厘米
厚 0.5 ~ 1.0 厘米
吴中区文物管理委员会办公室藏
1984 年张陵山遗址出土

◎　玉色火黄,琢磨光滑。器作靴形,中部有
一周凸棱将整器分为上、下两部分。上部稍宽,
顶端有扉棱,镂有弧形、圆形镂孔,孔壁垂直。
下部光素。底端面挖出一个扁卵眼,系木质
权仗榫头插入之孔。该器当为权仗头。

### 新石器时代 玉钺

上宽 9.8 厘米 下宽 12.5 厘米
孔径 1.8 厘米 高 19 厘米 厚 0.5 厘米
昆山市文物管理所藏
少卿山遗址出土

◎ 透闪石软玉，青白色，有绿斑。扁平长
方形，上端较窄，弧刃，通体抛光。顶部
残孔系锯截所致，口部有单面钻圆孔，未
磨刃口。背面留有锯切弧线琢痕四五道。

▲ 新石器时代 **琮形管**

上端宽 1.74 厘米 下端宽 1.64 厘米
孔径 0.75 厘米 高 4.85 厘米
吴中区文物管理委员会办公室藏
1972 年草鞋山遗址出土

◎ 粉白色，受蚀沁。器呈小长方柱体，如琮
形，外方内圆。中有两头向中间对钻出的圆孔。
两端有凸出的射。外分四面，每面中部有三
条竖弦纹一分为二，有一条横凹槽分为上下
两节。每节以四角为中线，上端琢三条横弦
纹象征羽冠，中间有直径仅 0.1 厘米的圆圈
象征眼睛，下端转角小凸面表示嘴巴，组成
简化人面纹。全器上下四角共八组人面纹。

▶ 新石器时代 **玉琮**

直径 6.2 厘米 宽 7.7 厘米 高 7.5 厘米
昆山市文物管理所藏
少卿山遗址出土

◎ 湖绿色、带褐斑、阳起石软玉。外方内圆，
中有对钻圆孔。呈长方柱体，琮身一节，以
四角为中线。上端刻划两组三条平行线纹，
下端刻象征兽面纹，以两个圆圈代表眼睛，
一组云纹代表嘴巴，共有四组图案。

## 新石器时代 玉璧

直径 22 厘米  孔径 4.4 厘米
高 0.9 ~ 1.2 厘米
常熟博物馆藏

◎ 玉色茶绿色，带有黑、绿色和白色条斑。
扁平圆形，居中钻圆孔，孔壁有台痕，璧面
厚薄不均，中部比边缘厚，有凹弦形琢痕，
边缘切削平直，整器光素无纹。

### 新石器时代 **双龙连体环形玉佩**

直径 3.5 厘米 厚 1 厘米
常熟博物馆藏
1993 年罗墩遗址出土

◎ 被誉为"良渚第一龙"。器形虽小，二龙首合一体，庄重静穆，玉质艳丽，琢工精湛，应为良渚文化早期的佩饰，更是象征身份地位的礼器。

◄ **新石器时代 玛瑙玦**

外径 3 厘米　内径 1 厘米　厚 0.5 厘米
张家港博物馆藏
东山村遗址出土

◎ 玛瑙质，白中泛红，闪光发亮，制作精巧。

▼ **新石器时代 玛瑙璜**

长 4.1 厘米　直径 1.8 厘米　内径 0.7 厘米
昆山市文物管理所藏
少卿山遗址出土

◎ 玛瑙质，米黄色，半透明，半环形，截面
为椭圆形。上端部圆弧，两端各有一个小象
鼻孔，器表抛光，莹润光洁。

▶ **新石器时代 玉针**

通长 15 厘米
苏州市考古研究所藏
2010 年木渎春秋古城遗址彭家墩出土

◎ 整体呈圆柱状，一端尖，一端扁圆，上有
对穿小孔。似为残破后改制。通体光素无纹。

▼ **新石器时代 玉镯形器**

直径 8.8 厘米　孔径 4.5 厘米
高 0.8 ～ 1 厘米
昆山市文物管理所藏
少卿山遗址出土

◎ 透闪石软玉，褐黄色，中有对钻大圆孔。

◀ **新石器时代 玉镯**

外径 8.7 厘米 内径 6.5 厘米
苏州市考古研究所藏

◎ 青玉质。整体呈不甚规整的圆形，一面
切割较平，一面不甚平整。

◀ **商 玉玦**

长 2.9 厘米 宽 2.5 厘米
苏州文物商店藏

◎ 呈管形，上有一缺口，通体光素无纹，
琢磨光滑细致，包浆苍老凝厚。

◀ **商 玉勒**

直径 1.3 厘米
苏州文物商店藏

◎ 呈管状，中部微束，中间有一通天穿，
两端略呈喇叭状。通体光素无纹，玉质细
腻温润，油脂光泽强烈。

## 春秋　鹦鹉首拱形玉饰

弧长 8.4 厘米　宽 3.0 厘米　厚 0.5 厘米
吴中区文物管理委员会办公室藏
1986 年严山吴国玉器窖藏出土

◎　玉色淡绿，内蕴墨绿色斑点。器呈拱形
筒瓦状，两端作对称的鹦鹉首形，高肉冠，
钩喙，圆目，头部边沿琢出细密的阳线羽
状纹。颈与器体相连。器体表面分布四组
繁密的蟠虺纹。

## 春秋 双系拱形起脊玉饰

通长 8.2 厘米 宽 5.65 厘米
吴中区文物管理委员会办公室藏
1986 年严山吴国玉器窖藏出土

◎ 玉色牙白，内蕴褐斑。器身起拱作瓦形，正面中间起脊，脊两侧分别雕琢一组凤鸟、兽面纹。凤鸟高冠、勾喙、圆眼，鸟身饰羽状细划纹；兽面作椭圆眼、弯眉、阔嘴形。两组纹饰相互对称。器身反面以"十"字栏相隔，分饰四组卷云纹、鸟纹，纵向隔栏上阴刻麦穗纹。器身两侧各有系耳。一系琢成兽头形，圆目突起、宽鼻、阔嘴，口部正中斜镂一直径 0.3 厘米的穿孔。另一系琢成互相平行的双圈，双圈间距 0.9 厘米，双圈中间又有一个小环与其串联相衔。小环上端有一活榫，嵌在双圈内孔中，小环可自由活动，下端椭圆环孔可作系绶用。

## 春秋  虎形玉佩

长 11.9 厘米  宽 3.8 厘米  厚 0.1 ~ 0.3 厘米
吴中区文物管理委员会办公室藏
1986 年严山吴国玉器窖藏出土

◎ 扁平体虎形佩一对，形制相同。玉色灰白夹黑。
虎作伏卧状，头微昂，有一小孔，似为目，亦可
系绶，腹下四足屈蹲，卷尾高翘，背脊琢出扉棱。
正面以减地斜切手法阴刻变体夔纹，填以羽状细
划纹。反面光素，留有直线锯痕四道。这是一对
能合为一体的虎佩，据其反面的锯痕观察，两佩
是从一块器胎上切割琢成的。两虎造型生动，纹
饰线条粗犷遒劲，刀法犀利有力。

### 春秋 蟠螭纹玉璜

长 9.05 厘米　宽 2.13 厘米　厚 0.32 厘米
吴中区文物管理委员会办公室藏
1986 年严山吴国玉器窖藏出土

◎ 玉色淡青。扁平圆弧形。两端琢成对称的
变体夔龙向中间延伸，头脊琢出鬃鬣，龙首
作圆目、张口、卷唇状，背中部钻一小孔。
两面纹饰相同，以阴刻一面坡线框边，内区
浅浮雕蟠螭纹。

◀ 春秋 **人首玉觽**

长 4.55 厘米　宽 1.2 厘米　厚 0.7 厘米
吴中区文物管理委员会办公室藏
1986 年严山吴国玉器窖藏出土

◎ 玉色牙白有褐斑。形若猛兽之獠牙，上宽
下尖锐，顶端面钻一孔与两侧斜孔贯通，作
系绶用。根部四侧分别琢有四组纹饰：正面
饰人面纹，圆目、阔嘴、头戴冠帽。后面琢
出一凹槽与阴刻弦纹线，两侧浮起蟠虺纹、
卷云纹，尖部琢磨光滑。

▼ 战国 **玉带钩**

长 11 厘米
张家港博物馆藏

◎ 白玉，沁色泛黄，呈弯曲棒形，头似龙蛇。

▶ 战国 玉带钩印

长 6 厘米 宽 1.7 厘米 高 2.4 厘米
苏州市考古研究所藏
2010 年华山遗址出土

◎ 白玉，玉质温润，部分受沁铁锈色。整
器如一回首天鹅，造型生动优雅。钮刻有
"赵"字印，是目前苏州地区首次发现。

▶ 战国 凤首龙身佩

长 3.1 厘米 宽 1.9 厘米 厚 0.35 厘米
苏州市考古研究所藏
2010 年华山遗址出土

◎ 鸡骨白沁。扁平状，镂空透雕。直径约
0.1 厘米、用以穿绳佩戴的"通天孔"位于
身体中间部位，从回卷的尾部穿至底部的
足部。头部双目微突有力，头顶有鸟类的
喙及冠羽，形似凤首。颈背有鬣毛下卷。
龙身造型奇特，两面纹饰相同，通饰"S"纹。

◀ **战国 龙凤纹玉剑珌**

长 10 厘米  宽 5.2 厘米
苏州文物商店藏

◎ 和田玉，器表有深褐色沁。珌身大致呈梯形，中间厚，两边薄，边沿有阴刻轮廓线，顶部出廓镂雕龙纹。龙为杏圆眼、斧形下颚，身姿矫健凶猛，与下方所雕双凤相呼应。底端钻有三孔，以便与剑鞘相连。

◀ **汉 白玉蝉**

长 6 厘米  宽 3 厘米
苏州文物商店藏

◎ 和田玉，局部略带黄褐色沁，器表带有玻璃光泽。蝉体扁平，双目外凸，棱角分明，尾和双翅成三角形锋尖，腹部刻有七道线纹。整器采用"汉八刀"的技法雕出蝉之轮廓，刀法刚劲有力，线条简洁明快。

► **汉 凤纹玉鸡心佩**

长 7.8 厘米 宽 3.8 厘米
苏州文物商店藏

◎ 和田玉，质地细腻致密，局部带褐色沁。
扁平体，双面工。主体为修长之鸡心形，中
间有一圆孔，一面微凹，一面微鼓，上饰云
气纹，两侧镂雕龙凤纹。整器采用镂雕、线
刻等技法而就，所饰阴刻线细如毫发，刚柔
并济，为汉代典型游丝毛雕技法。

▼ **唐 白玉鹿**

长 7.2 厘米 高 2.9 厘米
苏州文物商店藏

◎ 和田玉，局部有深褐色沁。立体圆雕，鹿
呈跪卧状，头顶花状角，引颈昂首，目视前方，
双耳贴于脑后，四肢收于腹下，体态圆润饱满，
体例和谐，背部有一通天穿。

◀ **唐 飞天纹玉佩**

长 5.2 厘米　宽 3.4 厘米
苏州文物商店藏

◎ 和田玉，局部有浅黄色沁。飞天头梳双髻，面目慈祥，身着长裙，下托祥云，犹如曼舞于天际。整器造型灵逸，刀工简爽，刻饰精美。

◀ **唐 双螭纹带扣**

长 6.4 厘米　宽 5.8 厘米
苏州文物商店藏

◎ 玉质细润，通体布满桂花沁。双螭呈攀爬状，双目圆瞪，粗鼻隆起，阔嘴微张，毛发飘逸。螭身相互扭结，蜿蜒盘绕，长尾卷扬，刚健威猛。

## 元　青玉双螭纹盘

直径 16 厘米　厚 1.2 厘米
苏州文物商店藏

◎ 和田灰玉质。圆形盘，周缘起沿，盘内以
高浮雕技法作趴伏状双螭，首尾相逐，形似
壁虎，刻画细致传神，背面浅刻一组十字金
刚杵纹。此盘器形规整，纹饰精美，雕工纯熟。

## 明 白玉双联带扣

长 7.5 厘米 宽 4.9 厘米 厚 1.8 厘米
吴中区文物管理委员会办公室藏

◎ 带饰件一对，大小形制相同。乳白微青色，质莹润。带扣系整块和田玉琢成。整器由扣体与系环两部分组成，扣体作椭圆菱花形，一端琢成方勾形，扣、系以铰链式枢钮连结，构思巧妙，别具匠心。菱花形的扣体表面外侧以阴刻手法琢蝙蝠纹，中心部透雕双钱、盘长纹，寓"福在眼前"之意。两侧饰对称的枝叶，叶肥枝蔓。系环琢成如意头形式，内区透雕出菱花形棱，有"福意绵长"之含义。

▲ 明　云鹤纹玉带板

长 3.4 厘米　宽 2.8 厘米　厚 0.6 ~ 0.7 厘米
昆山市文物管理所藏
玉山镇虹桥村明墓出土

◎　和田白玉，玉质细腻温润。正方形，正面
雕仙鹤图案，背面一对穿孔。玉带板正面及四
边抛光，背面未抛光，留有切割、打磨痕迹。

▶ 明　蘑菇头白玉簪

长 7.9 厘米
昆山市文物管理所藏
玉山镇虹桥村明墓出土

◎　和田白玉，玉质温润莹净。簪头鼓凸饱满，
形如蘑菇，簪体浑圆呈长圆锥形。通体抛光。

### ◀ 明 白玉人物牌

长 3.5 厘米 宽 2.9 厘米
苏州博物馆藏

◎ 玉牌呈长方形，两面浮雕图案。玉牌背面刻有"子""冈"篆体白文印章。子冈姓陆，明嘉靖、万历年间苏州人，以其选玉精、治玉妙，树为中国治玉之代表，当时就有"名闻朝野"，"可与士大夫匹敌"之影响。此牌构图简洁明快，人物形象生动，刀法沉稳质朴，书法笔意圆转敦厚。

### ▼ 清 子冈款圯上进履白玉牌

长 5.1 厘米 宽 3.4 厘米
苏州文物商店藏

◎ 白玉质，洁白莹润，宛若凝脂。正面雕历史故事"圯上进履"，刻画细致传神。背面剔地雕诗文一首，落"子冈"款，与正面纹饰相互呼应。此牌取材精良，琢磨精湛，实为玉牌之精品。

## 清　白玉双孩

宽 5.8 厘米　高 7.2 厘米
苏州文物商店藏

◎　和田白玉。圆雕童子二人，相互依偎。一
童子头梳圆髻，慈眉善目，手持灵芝及肩。
另一弯眉咧嘴，嬉笑颜开，捧逗鹌鹑，温馨
甜蜜。此器雕工流畅自然，线条圆润柔和，
刻画细致生动，寓意吉祥美好。

## 清　髹金芙蓉石观音

宽 11.2 厘米　通高 15.3 厘米
苏州文物商店藏

◎　芙蓉石质，通体髹金漆，金水亮丽饱满。观音盘丝高髻，面颊丰腴，额际宽广，福耳垂挂，双眼微闭，一脸慈祥。右手持珠扶膝，左手握经卷，盘膝而坐。衣纹褶皱垂拂流转，栩栩如生。此件观音造型典雅，法相庄严，安静祥和。

## 春秋 楚途盉

通高 25.2 厘米　口径 10.8 厘米
吴中区文物管理委员会办公室藏
1980 年枫桥镇何山东周墓出土

◎ 小口，广肩，扁圆腹。提梁作夔龙形。
前端铸出龙首，双目圆睁，张口，上唇翻卷，
两侧面辅以蟠虺纹。后端短尾上卷，内填
以垂鳞纹。龙身弯曲，表面密饰鳞纹。盖
作圆盘形，罩盖在盉口上，盖顶有环形钮，
有链条与龙身提梁相连接。盖面密饰回纹
与云雷纹组成的装饰带。腹部二周凸绳纹
内密饰相互缠绕的蟠虺纹。肩部施一周云
雷纹，并有篆书铭文"楚叔之孙途为之盉"
八字。腹下设三蹄足，足上部铸兽面纹，
兽面两眼之间附以扉棱作鼻，兽面两侧辅
以卷云纹。

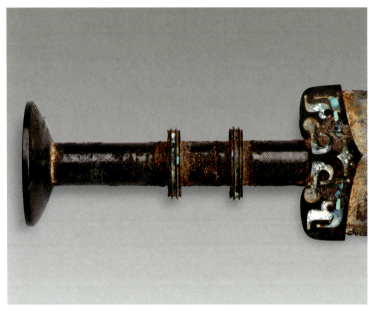

## 春秋晚期 吴王夫差剑

长 58.3 厘米 身宽 5 厘米 格宽 5.5 厘米
颈长 9.4 厘米
苏州博物馆藏

◎ 铭文：攻敔（吴）王夫差 自乍（作）其元用

剑作斜宽从厚格式。剑身宽长，覆有蓝色薄锈，
刃锋极犀利。近锋处明显收狭，双刃呈弧曲形。
中起脊线，两从斜弧面。剑格作倒凹字形，饰
兽面纹，镶嵌绿松石（一面已佚）。圆茎实心，
有缠缑痕迹。颈上有两道凸箍，箍上有纤细的
凹槽，遗存少许绿松石。圆盘形首，铸有多圈
精致峻深的同心圆凸棱。剑首以不同成份之合
金青铜分铸后再衔接剑颈而成。

春秋 **棘刺纹铜尊**

口径 26.3 厘米 底径 20.5 厘米
高 24.1 厘米
吴江博物馆藏
1975 年九里湖遗址出土

◎ 侈口，颈与腹上下相接处均饰一周窃曲
纹，窃曲纹环饰三角勾连纹。扁圆形鼓腹，
腹饰棘刺纹。圈足外撇，略大于腹。

**战国 四鹰纹镂空复合方形铜镜**

边长 7.5 厘米 高 0.4 厘米
苏州东吴博物馆藏

◎ 方形，环钮。复合镜面，有夹层。上层为镂空，
纹饰为四鹰，两两相对，鹰身上有精细的羽翅纹。
镜缘为变形几何纹。

## 东周 **青铜剑**

通长 58.0 厘米 剑身宽 4.7 厘米
颈长 9.6 厘米

通长 41.3 厘米 剑身宽 4.3 厘米
颈长 7.8 厘米

吴中区文物管理委员会办公室藏

◎ 两把剑，一长一短，剑首均外翻作圆形。
短剑首内铸五道同心圆，其间刻有极细的斜
向纹。圆柱体颈，长剑为一字形格，短剑作
宽格，一面饰细密的蟠虺纹，另一面施变体
夔纹。剑身修长，两度起弧，中有脊，两侧
起刃，顶端收聚成尖锋。锷锋犀利，锋利无比。

东周 **铜钩鑃**

残长 35.3 厘米　厚 0.65 厘米
吴江博物馆藏
1978 年龙南遗址出土

◎ 柄从舞部至柄端渐收，横截面为长方形，
近舞处正反两面有纹饰。平舞，饰云雷纹。
体两侧倾斜，侈铣弧于，近舞部饰云雷纹，
上为三角勾连纹。

东汉　**人兽乳丁纹镜**

直径 14.7 厘米　厚 1.2 厘米
张家港博物馆藏
凤凰镇出土

◎　青铜质，表有锈色。圆钮，镜边内敛，
中饰精美的人兽图案及弦纹。

## 东汉 "吴王"画像铜镜

直径 19.9 厘米 厚 1.3 厘米
苏州东吴博物馆藏

◎ 圆钮座，座外一周联珠纹。四枚联珠带圆座乳钉将主纹分为四区。一区为一人头戴冠，身着交领宽袖长袍，于帷帐之中席地而坐，右侧题"吴王"。左边一区为一人须冠怒竖，长髯飘起，头颈歪侧，持长剑，左侧题"伍子胥"。右边一区为两女子并立，头戴冠，身着交领宽袖长袍，双手拱于胸前，两侧各有一提梁壶，左侧题"王女"。另一区为一人端坐，一人持杖斜倚肩上，中间题"范蠡"。外围以短斜线纹。边缘为两周锯齿纹。

## 东汉 鎏金神兽纹铜镜

直径 12.1 厘米 厚 0.9 厘米

苏州东吴博物馆藏

◎ 圆钮，钮座外五神兽圆睁双目，身躯蜿蜒
缠绕，四肢伸展。兽间衬以云气纹。外围以
短斜线纹、锯齿纹、连弧纹各一周。近缘为
锯齿纹。

## 汉 四乳灵兽规矩纹小镜

直径 9.8 厘米　厚 0.5 厘米
相城区文体局藏

◎ 圆钮座，座外方框，框外饰四乳及博局纹。内区四周铸青龙、白虎、朱雀、玄武四神。外饰栉齿纹一周，近缘部饰重圈锯齿纹一周，素平缘。

# 汉  错金青铜弩机

廓长 13.8 厘米  宽 3.3 厘米
相城区文体局藏

◎ 青铜质，有锈色。二牙较宽短，尺寸相同，
前后各有一键，一端有圆帽，一端有穿孔。
廓上有箭槽，槽前端宽且深，望山上有错
银刻度清晰可见。

## 汉 铜炉

通长 21 厘米 宽 8 厘米 高 10.5 厘米
苏州市考古研究所藏
2011 年虎丘宋家坟遗址出土

◎ 主体浇筑而成。器物下部由 4 个斗栱饰
长方形足和灰盘构成，上部为炭炉。炭炉
炉体分上下两部分，下部炉体底部为炉条，
外侧饰绞丝图案，上部炉体镂空，饰缠枝。
器物外侧另装把手。

### 唐 双鸾瑞兽纹菱花镜

直径 26.8 厘米
吴中区文物管理委员会办公室藏

◎ 八瓣菱花形。镜背中央为一卧兽，腹下有一孔，形成镜钮。内切圆将纹饰分为内外两区。外区分饰八组飞鸟、蝴蝶、花草纹。内区主题纹饰为双鸾双兽纹，鸾、兽首尾相对。中间夹饰着缠枝莲花纹，莲蓬盛开。双鸾曲颈回顾，相对瑞兽，双翼展翅，长尾上翘，作凌空飞翔状。瑞兽为独角上翘、双目圆睁、鬃毛纷披，作奔驰状。

## 唐 金背十二生肖铜镜

直径 11.6 厘米  厚 1.4 厘米
苏州东吴博物馆藏

◎ 方镜，钮为匍匐状狻猊。镜心饰浮雕四
瑞兽，其间以葡萄纹为间隔。外缘四边高
浮雕十二生肖像，间饰葡萄纹。镜背先用
纯银捶打成薄片，再压印立体的纹饰，而
后刻花鎏金。

◀ **唐 菱形月宫铜镜**

直径 14.8 厘米　厚 0.8 厘米
苏州东吴博物馆藏

◎　八瓣菱花形，每瓣饰一云纹，镜面微凸。镜背中为一株枝叶茂盛的桂花树，树干部分凸起为镜钮，右侧嫦娥凌空飘飞，左侧为玉兔执杵捣药，下有跳跃的蟾蜍，组成一幅月宫图。

▼ **宋 缠枝花纹菱边大铜镜**

直径 26 厘米　厚 0.65 厘米
常熟博物馆藏
1974 年练塘大队出土

◎　半球形镜钮，钮周饰四组缠枝花卉纹。边略高于镜面，作菱形边饰。镜面既大且薄，实用与美观融于一体。

## 隋 石佛龛造像

长 59.7 厘米 宽 18.1 厘米 高 75.3 厘米
苏州东吴博物馆藏

◎ 正面刻三尊佛像，中为释迦牟尼佛，两侧
分别为"大智"文殊菩萨和"大行"普贤菩萨。
背面刻字"杨玉英为亡夫敬进释迦摩尼佛一
躯，永享极乐同斯福。邛崃龙兴寺开光大典。
大业戊辰五月十八日"。大业为隋炀帝年号，
大业戊辰年为公元 608 年。邛崃龙兴寺位于
现四川省成都市。

### ◀ 明 沈周　水乡泛舟图

**纵 115 厘米　横 57 厘米　纸本**
**昆仑堂美术馆藏**

◎ 此图画月夜泛舟于谷木川上，笔墨苍劲圆润，近浓远淡，月色溶溶，吴中佳山水尽收眼底。画中秃笔点染、意淡韵远，正是沈周粗笔大画之佳作，图上方有沈周自题《泛月辞》并跋，款署乙未（1475年）。沈周（1427～1509年），字启南，长洲（今苏州市相城区）人，出身世家，少承家学，后师从杜琼、刘珏、赵同鲁等学画，其笔力苍老雄健、凝重生辣。画有粗笔和细笔两种，名为"粗沈"和"细沈"。沈周是"吴门画派"的领袖人物，他和文征明、唐寅、仇英被称作吴门四大家。

### ▶ 明 唐寅　椿树双雀图轴

**纵 49.3 厘米　横 30.6 厘米**
**吴江博物馆藏**

◎ 此图以椿树为衬景，树上栖嬉闹双雀，似两情正酣，忘乎所以。全图以"院体"为本，兼融"文人画"意，寄寓着唐寅的思想豪气和真实情感。右上角题诗一首："头如蒜颗眼如椒，雄逐雌飞向苇萧，莫趁螳螂失巢穴，有人拈弹不相饶。唐寅。"钤"吴趋"、"唐伯虎"、"唐居士"朱印三方。唐寅（1470～1523年），字伯虎，一字子畏，自号"六如居士"，吴县（今江苏苏州）人，吴门四家之一。

## 明 文徵明　游天平山诗手卷

纵 32.9 厘米　横 476.2 厘米
吴江博物馆藏

◎ 此卷行草精妙清新，意态生动，而诗文亦时饶逸韵，隽永可诵。全卷释文：雨过天平翠作堆，净无尘土有苍苔。云根离立千峰瘦，松籁崩腾万壑哀。鸟道逶迤悬木末，龙门险绝自天开。溪山无尽情无限，一岁看花一度来。路转支硎西复西，碧云千磴石为梯。群峰绕出穹窿后，绝巘回看岵嵝低。午焙

送香茶荈熟，春风酿冷麦苗齐。惟来应接都无暇，触眼风烟费品题。徵明。下钤"文徵明"白印、"徵仲"朱印。卷末有钱天树跋文及钤印。文徵明（1470～1559 年），初名壁，字徵明，更字徵仲，号衡山，私谥贞献先生，长洲（今江苏苏州）人，吴门四家之一。

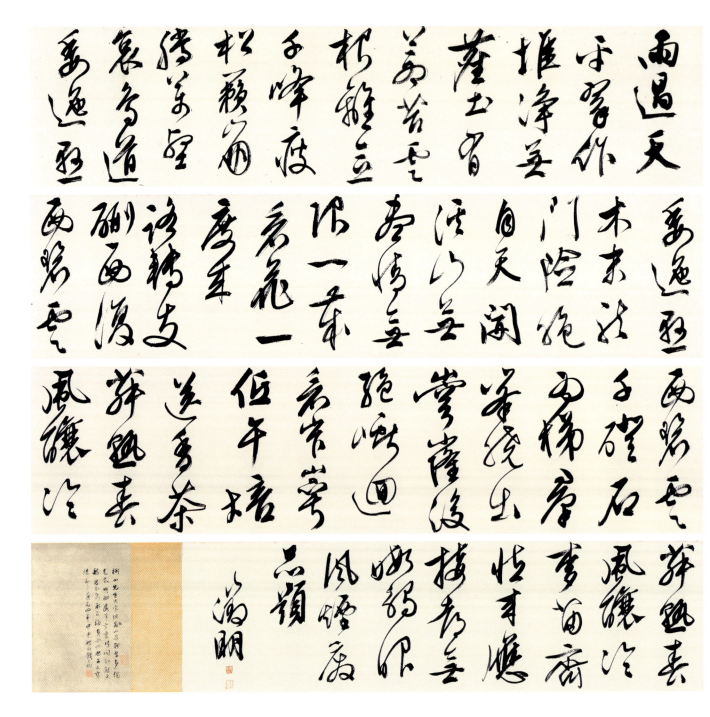

**明 赵宦光 篆书五言诗句轴**

纵 98.5 厘米 横 38 厘米

苏州文物商店藏

◎ 此轴笔意浑厚雄健，枯笔苍劲遒迈，并间以草笔，故沉稳中有活泼，而转折处又杂以隶笔，方圆相间，故浑厚中又有险劲，刚健奇伟，别具一格。

赵宦光（1559～1625 年），字凡夫，一字水臣，号广平，江苏太仓人。一生不仕，只以高士名冠吴中，偕妻陆卿隐于寒山，读书稽古，精六书，工诗文，擅书法，尤精篆书，夫妇皆有名于时。

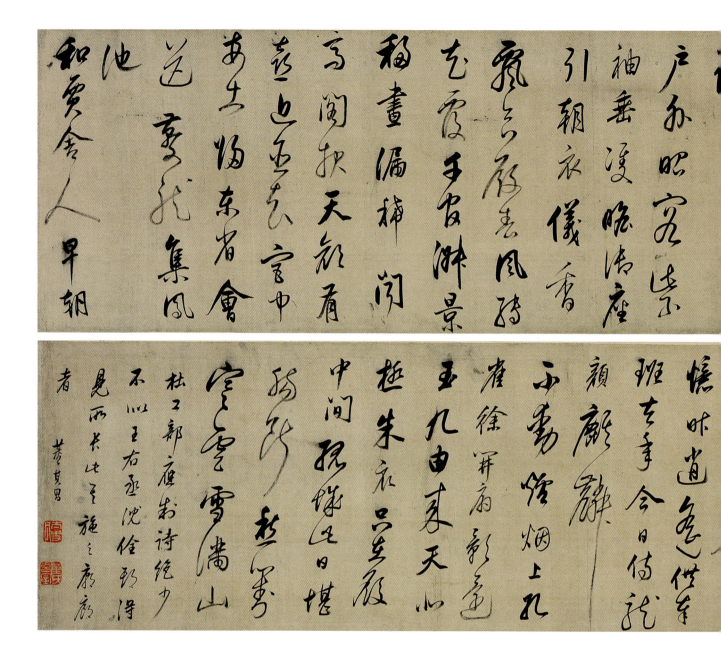

## 明 董其昌　行草杜甫诗卷

纵 31 厘米　横 310 厘米
昆仑堂美术馆藏

◎ 此卷挥洒自如，错落有致，不拘一格，千变万
化而气贯韵满，虚实的对比使通篇生意盎然。董其
昌的书法以行草书造诣最高，此件实乃精品力作。
董其昌（1555～1636 年），字玄宰，号思白、
香光居士，松江华亭（今上海闵行）人。其广泛
吸取唐宋元诸家优长，抉精探微，是"华亭画派"
杰出代表。

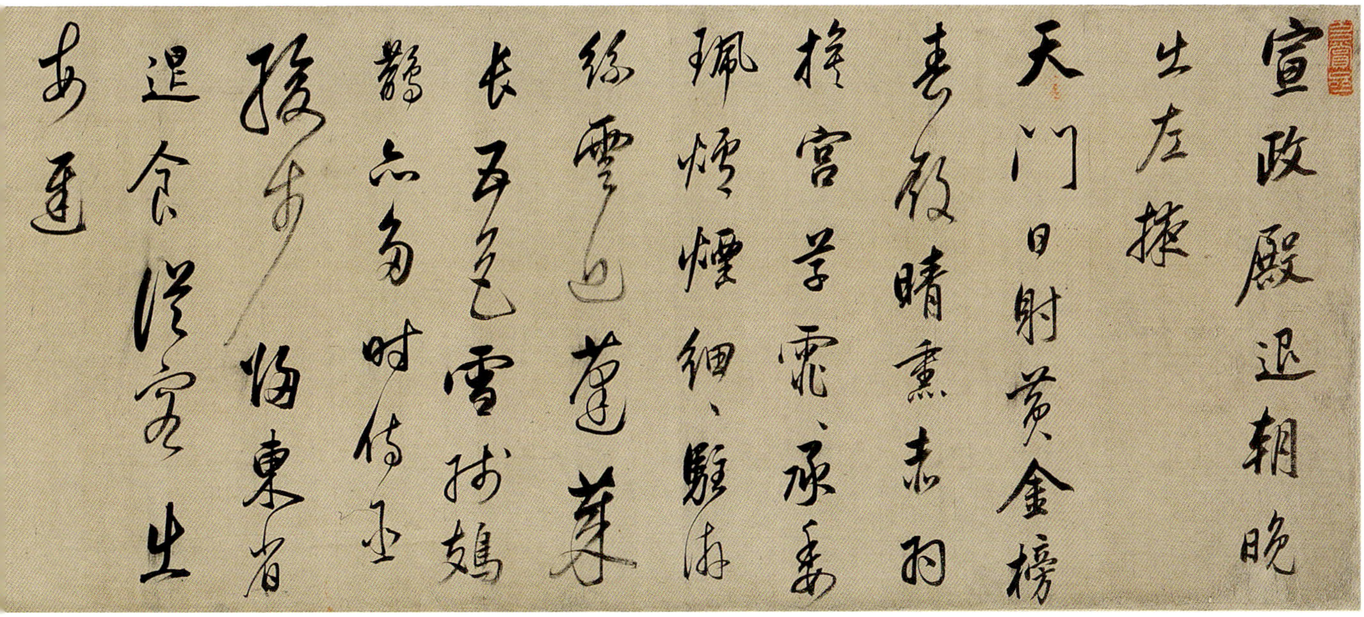

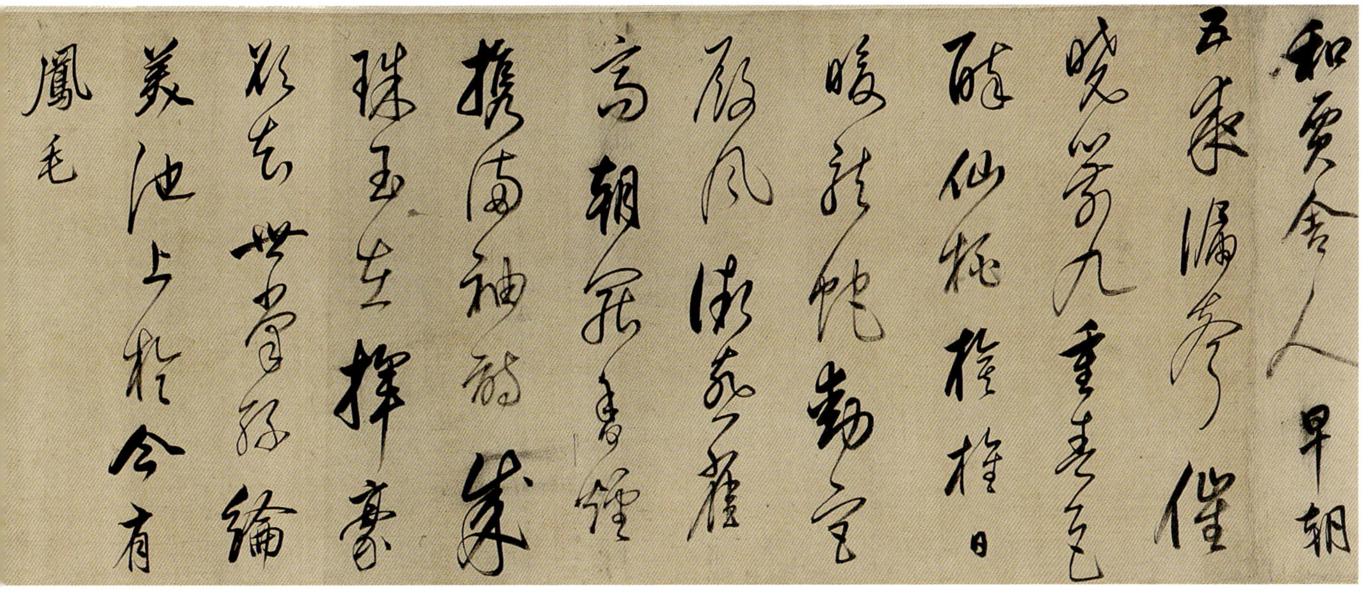

宣政殿退朝晚出左掖

天門日射黄金榜　春殿晴熏赤羽旗
宮草霏霏承委佩　爐烟細細駐游絲
雲近蓬萊常五色　雪殘鳷鵲亦多時
侍臣緩步歸青瑣　退食從容出每遲

和賈舍人早朝

五夜漏聲催曉箭　九重春色醉仙桃
旌旗日暖龍蛇動　宮殿風微燕雀高
朝罷香烟攜滿袖　詩成珠玉在揮毫
欲知世掌絲綸美　池上於今有鳳毛

# 清 王时敏 仿古山水册

纵 31 厘米 横 23 厘米
常熟博物馆藏

◎ 本册共十开，四开设色，六开水墨。其中仿董源、巨然、
赵大年、赵伯驹、米芾、赵孟頫、倪云林、吴镇各一开，
仿黄公望二开。构图稳重，落笔沉着，色彩明丽，气韵
温润苍古。虽为仿宋元各家山水，亦有作者自身风貌，
代表了王时敏中晚期山水画的特色。

王时敏（1592～1680年），字逊之，号烟客、西庐老
人，江苏太仓人。著名画家，工诗文，善书画，为清初
"四王"之首。

## 清·嘉庆 蒯嘉珍　临古杂画册

纵 25 厘米　横 35 厘米
苏州文物商店藏

◎ 此本册页上下两册，共二十四开，为临摹元、明、清诸名家之作，题材有山水、花卉等，笔墨精致，设色明丽，意境清幽，极见功力。前为杨千里题签条，后有钱善扬、钱昌龄等题跋。蒯嘉珍，字铁厓，江苏吴江人，工行草书，尤善汉隶，苍古圆劲，有摹刻《树滋堂法帖》，能作墨梅，间写山水、花果，诗亦清峭，著有《树滋堂诗集》。

清·嘉庆 蒯嘉珍　临古杂画册

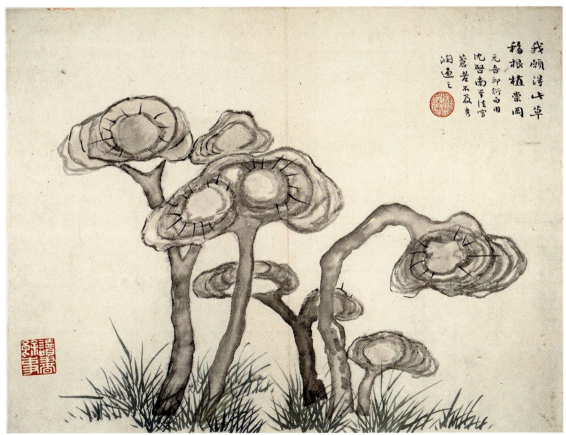

襄陽易門華劇清義天邊詩人聚一家
十笏園亭銷夏日卻分吟管寫名花
其一鑑脂湖邊粉本翠羽神仙侭佩香
樓臺千秋管趙留佳話洵是人間
彩游戲說丹青葉根陰澹蓊心暖
傳乃吳家座右銘 其三
重光大荒落上元日奉題三絕句敬求
郢政
　　魚竹愚姪邵□□□

活色生香不易工沉笔鴻案坐清風
一家韻事誰能擅顧有吳興松雪翁
綠豪珠重又如何畫意詩情領略多
深征容腮鑑結芷址遠將醉眼戲摩挱
耶生八兄先生來膠州郊齋出示
雨等人名繪四冊菱賦三絕句誌喜即請
正之葉林昌慶□□
辛巳仲春下澣九日

## 清 戴熙 山居图卷

纵 22.4 厘米 横 138 厘米
苏州文物商店藏

◎ 此卷乃戴熙为苏州名士潘遵祁所作,水墨纸本。画面以高峻的山峦为主体,远山隐现,山上树木茂密;近处平坡杂树,茅屋数间掩映其中。山中云雾缭绕,景致若隐若现,充满了江南氤氲的诗情画意。在绘画技法上,多用擦笔,山石以干墨作皴,以湿墨渲染,气息清新典雅,笔致精纯,颇见功力。手卷前有潘遵祁自题签,何绍基题"山居图"作引首,后有俞樾、李鸿裔、杨沂孙、杨恩海、汪鸣銮等题跋。

戴熙(1801~1860年),字醇士,号鹿床、榆庵、井东居士等,浙江杭州人。道光十一年(1831年)进士,官至兵部侍郎,后引疾归,主讲崇文书院。诗、书、画均有造诣,与汤贻汾齐名,其山水画名重一时。潘遵祁(1808~1892年),字觉夫,一字顺之,号西圃、简缘退士、抱冲居士等,江苏苏州人。道光二十五年(1845年)进士,二十七年(1847年)翰林,旋乞归,隐邓尉,筑香雪草堂,以诗画自娱。著有《西圃集》。

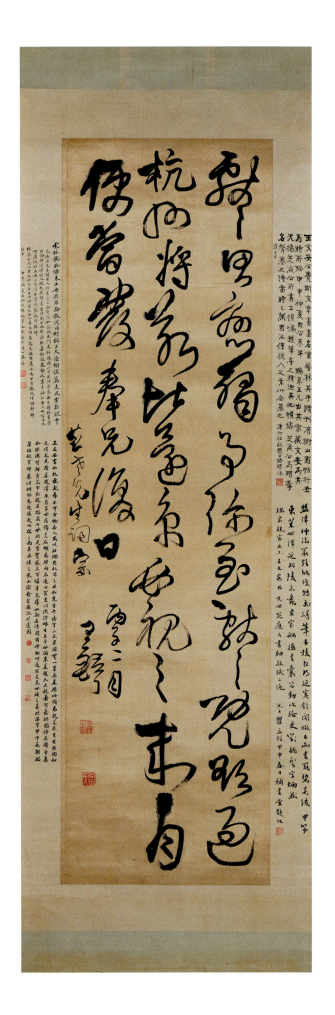

## 清 王铎 临王献之草书

纵 169 厘米 横 49 厘米
昆仑堂美术馆藏

◎ 此幅为王铎临王献之《余杭帖》，有脱字。书署："献之（白）：思恋触事弥至，献之既欲过（余）杭，州将若比还京，必视之。来月（十左右）便当发。奉兄（见无）复日。芝老先生词宗，丙子二月，王铎。"丙子为明崇祯九年（1636 年），"芝老先生"为明御史赵胤昌。钤"王铎之印"朱文印、"太史氏"白文印。右有民国时唐仰杜、瞿益锴题，裱边有左有祝书元、俞家骥题。

王铎（1592～1652 年），字觉斯，一字觉之，号十樵，一号嵩樵、痴庵，又号痴仙道人，河南孟津人。博学好古，工诗文，擅山水、竹石，尤擅书法。行草宗二王，正书师钟繇，亦多自出胸臆。好作巨幅，气势雄伟而不失精微。有《拟山园法帖》。

## 清 陆恢 观音像

纵 80 厘米 横 40 厘米

吴江博物馆藏

◎ 此轴绘层云之间，有一观音，手持净
瓶、拂尘，坐于护法狮上，神情自若。
右下角有款识：光绪二十有一年六月朔，
吴江陆恢绘第一佛。并钤"陆恢之印"。
上端有吴湖帆题跋："色相本来同，五
蕴皆空。南无救苦救难中，广大慈悲灵
感里，我佛神通。陆廉夫先生画第一佛，
甲申冬日，吴湖帆敬赞。"钤"倩盦"白印。
陆恢（1851 ~ 1920 年），原名友恢，
一名友奎，字廉夫，一字狷盦，号狷叟，
江苏苏州人。画山水、人物、花鸟、果品，
无一不能，书工汉隶。黄宾虹赞其"山
水学四王，渲染尤能逼真"。

## 清 钱与龄　杂画册

纵 25 厘米　横 33.1 厘米
苏州文物商店藏

◎ 此本册页上下两册，共二十四开，取材　　钱与龄(1763 ~ 1827 年)，字九英，浙
广泛，有花卉、草虫、翎毛、鳞蚧等，构思　江海盐人，陈书曾孙女，吴江蒯嘉珍妻。
精巧，形似神肖，清新秀丽，极富笔墨情趣。　工写生，酷似陈书笔意，又得从兄钱载指
后有林则徐、杨千里等名家题跋，相得益彰。　授，艺日进。尤工画梅，其作画处曰仰南楼。

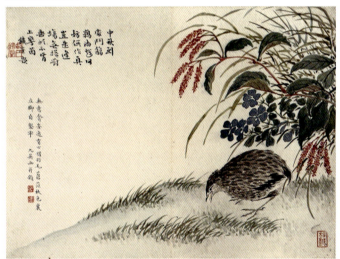

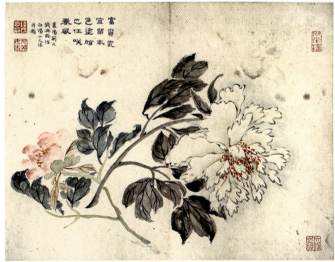

漠漠山田白露飛牧兒避雨帶牛歸
黃梅天氣陰晴變到得家門魚又橋
鐵庄題

荷衣江識其真未經意能
傳神 先文端公題曹祖母
南樓夫人舊句也興齡肯能畫本謹錄
原題仰公光澤

羊蘿秋景
仿雲翰懶澳渲染法

一鳥一枝皆有態
非唐非宋自成家
鐵厓題

九英法古

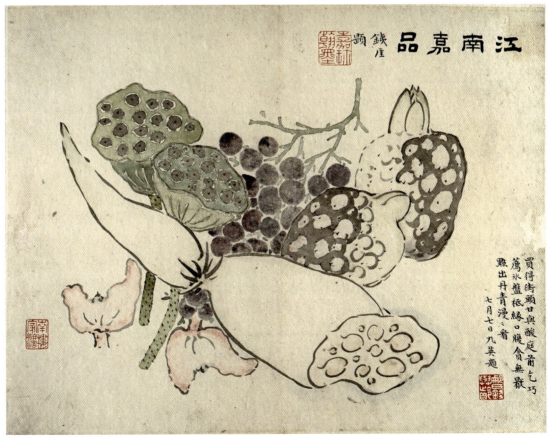

江南嘉品
鐵厓題

買得街頭頗甘與酸
庭前乞巧
薦水盤祗綠口腹貪無厭
點出丹青漫二着
七月七日九英題

涼宵機上女間爾盍心忙

秋夾作此以當絍紡

九萊女史

叢此一襄粟雜療東方飢

仿甌香館沒骨寫生

早傳聲華悅奉宣紗蕙果蘭因
擬一家更內伯鶯耆業底培根
盜出淺深花臨澄佳話玉連環
想對銀豪等傳寶回取樞本機
上課有人手筆健能扛
太夫人畫冊屬題　昆弟正之　少穉林寘

聘生先生書廣見示
太夫人寫生行者子孫題承止
末生錢林

清絕吾家老侍郎家兄虎頭金栗紗難忘却德
玭押珊抹咿共領煦奎一辮香

畫讀南根渾正宗自然天趣筆中鋒寫生三昧
於今解莫尚鉛華問淺濃
辛巳春周凱

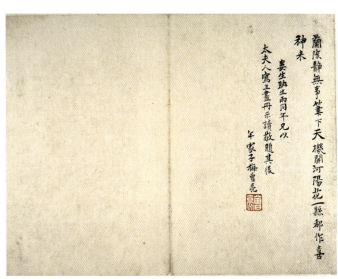

神禾
蘭陵靜無事筆下天機開河陽花一縣都作喜

畏生馴正兩同午兄以
太夫人寓工畫丹示讀敬題其後
午家子梅曾亮

萬古丹心向日開

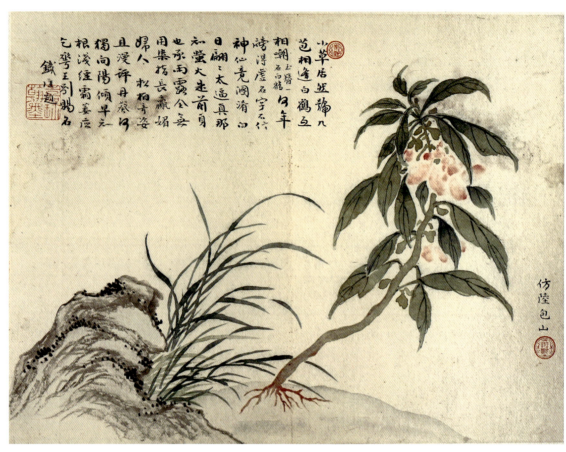

小草居然躡九
芭桐逢白鶴互
相嘲
灣得盧名字不行
神仙竟與那
日酺之太逼真耶
朮螢火走前身
也承雨露全差
婦人松柏青姿嫵
用樂拮長嬴媚
且漫評丹黍口
獨向陽傾倒早元
根淺徑霸姜庭
乞藝王別鴟名
鐵僑題

仿陸包山

不是人間種移送月裏來

宋楊寓
里詠木
屏句

不減歲寒姿半開
特地迍霗芳摇茲
後先笅碧茲葉高枝
能浮碧茲葉不瑩香
霜天儗作中流檝和
風好濟川
鐵崖韻

的嚦真珠莘太工陶林必竟木樺風天奇撲
鼻宴誰隔露氣浸樽酒不空性定母懷金粟
相夢滀曾到玉婿宮秋來無處月青乞攀折芸
緣問吳寕
鐵庄文題

仿青桐居士

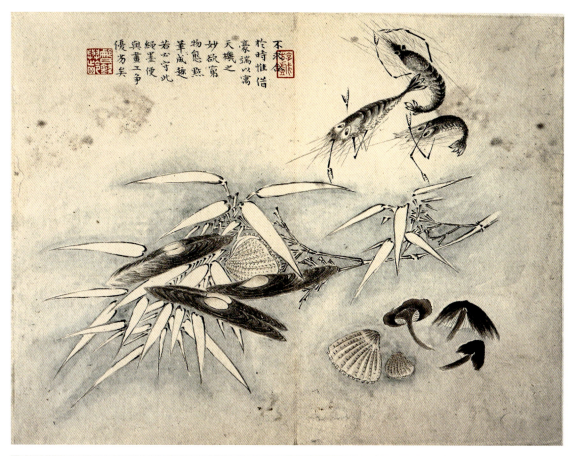

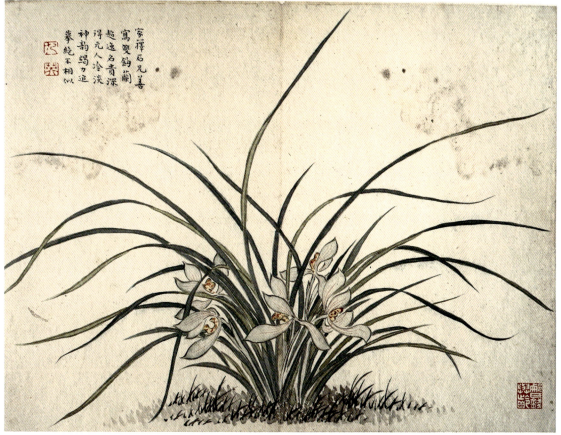

仿王泉山人

鲁仿戴文進鍾馗出獵長春衣
紋行筆有拘挶昨見花卉亦然盖
臨一洗舊習遂出南宋諸人之工故
佳其自說去再畫不可復得乃謙詞也

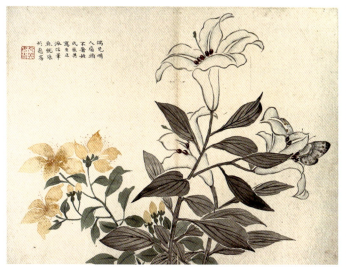

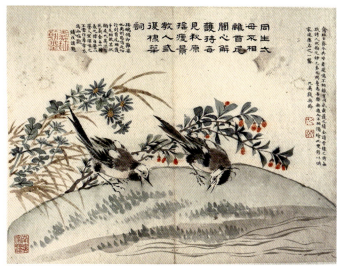

同生之
母不相
雞首尾
關心解
護持每
見秋原
瑤瘦景
教人式
謨棟華
詞

司馬風流筆，枝閣居韻事畫書詩四吳一水煙清
絕一著軍戰墨要雪　白吉良工寫韻難懷明初出
塗端兒孫世擅裁花術好作先生活譜看
奉題
鏡崖先生命屬畫四冊屬題
布虹明伯大人　祁命姪玄　板之雅範　相慶祥榻

生香活色祖南樓次第裁花直到秋幅
幅詩題眉嫵筆前身福慧定雙修
神仙夫婦美劉剛壁合珠聯翰墨光貽
得桐孫真本在畫圖花早譜河陽
歲在癸丑小春之初
士鄉年伯之弟
菜園垚叔出示
太老夫人法繪數冊屬題奉正
士龍施作霖

南樓畫法付諸孫蔡里令稱通德門合牌
遺繡猶鄭重碑金趙向小清歟
墨林合話不參几艷鉛華洗盡見高懷松
菊存誠為君談喬事杭州酒伴悵
承痕治副戟近日史領辦士鄉應治傳天難
隨兄暴繁豐二冊謂音大同語中
僾且先生正
九英夫人合牌畫冊入雅名作乙未閏七月
耀伯仁見出以徽遺禮賦小詩以誌葉仰
貝墉桐

故里紅梨孫事傳南樓
家法搖熙釜漚波發管
清儀集澹色生香五百年
耀伯夫兄生三先德
鏡崖先生偕
九英夫人臨古畫冊世德清儀為吾鄉文獻
因題小詩以寄贈拜之誠
一九五五年七月乞後學楊天驥

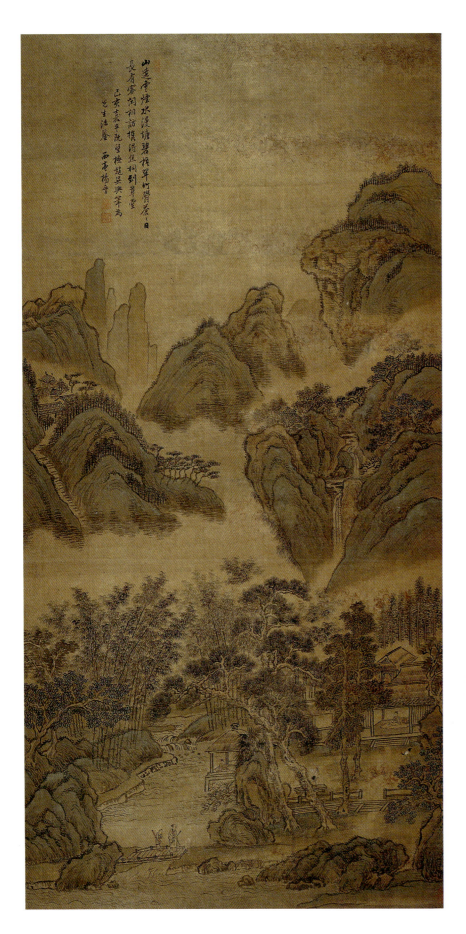

## 清 杨晋 山水轴

纵 133 厘米　横 66 厘米
常熟博物馆藏

◎ 此图绘远山连绵，云烟袅袅，流水漫漫，
碧梧翠竹，间有草堂，堂内端坐之人，怡然
自得。上端有杨晋题诗一首及落款、钤印。
此轴作于康熙五十八年（1719 年），杨晋时
年七十六。

杨晋（1644 ～ 1728 年），字子和，一字子鹤，
号西亭，自号古林樵客、鹤道人，又署野鹤，
江苏常熟人。工山水、人物、写真、花鸟，
尤擅画牛。山水为石谷入室弟子，曾与之同
绘圣祖南巡图，乃"虞山画派"重要画家。

### 清 刘源 墨竹图轴

纵 117.5 厘米　横 48.5 厘米
太仓博物馆藏

◎　此图以草书笔意生枝撇叶，意象纵横，墨
色酣畅。上题"康熙十八年（1679 年）四月
舟次维扬刘源"。

刘源，字伴阮，河南开封人，生卒年不详。
工山水、人物、写意花鸟。书工行、篆、尤
善龙水。曾为江西景德镇御窑设计瓷样数百
种，瓷样参古今之式，立意新颖，精美有过
于明代诸窑者。

## 清 龚贤 溪山隐居图

**纵 111 厘米 横 42.5 厘米**

**昆仑堂美术馆藏**

◎ 此幅作品用笔"秃而老"，用墨"润而重"，真实刻画出湿润多雨的江南山林景色，给人以静谧、雄浑之感。上端有龚贤题诗一首，落款"半亩龚贤"、钤朱色"龚贤"、"半千"印。

龚贤（1618～1689年），又名岂贤，字半千、半亩，号野遗，又号柴丈人、钟山野老，江苏昆山人，为"金陵八家"之首。初师从董其昌，后以董、巨与二米为宗。能博涉诸家，师法自然。其山水画着重构图，视野开阔，气象万千。

## 清 王翚 芳洲图轴

纵 185 厘米　横 94.5 厘米
常熟博物馆藏

◎　此图是王翚于康熙四十六年（1707 年）
为其好友许芳洲所作，时年七十六。总体结
构平稳、气势宏大、色彩明丽、浑厚华滋。
实为石谷晚年之精作。
王翚( 1632～1717 年 )，字石谷，号耕烟散人、
清晖老人等，江苏常熟人。清初著名山水画家，
与王时敏、王鉴、王原祁合称为"清初四王"，
并为"虞山画派"创始人。

萧照霜柯烟月

李瑞古潇湘晚泊

王骨卿烟江叠嶂

关仝咏松绝壁

## 清 翁同龢　墨戏妙品轴

纵 87 厘米　横 41 厘米
翁同龢纪念馆藏

◎ 此图为松禅老人作布袋僧一幅，并题诗，
自讽自嘲也。诗云："身披一领百衲衣，汝
何所食痴而肥。赤足踏遍大千界，扪腹箕踞
心忘机。看人名利马牛走，终日嘻嘻笑开口。
布袋中亦有乾坤，应向壶公结为友。庚子十
月山中瓶居士翁同龢并题。"庚子为光绪
二十六年（1900 年）。

翁同龢（1830～1904 年），字声甫，号叔平，
自署松禅，晚号瓶生，江苏常熟人。咸丰六年
（1856 年）状元，官至协办大学士、户部尚书。

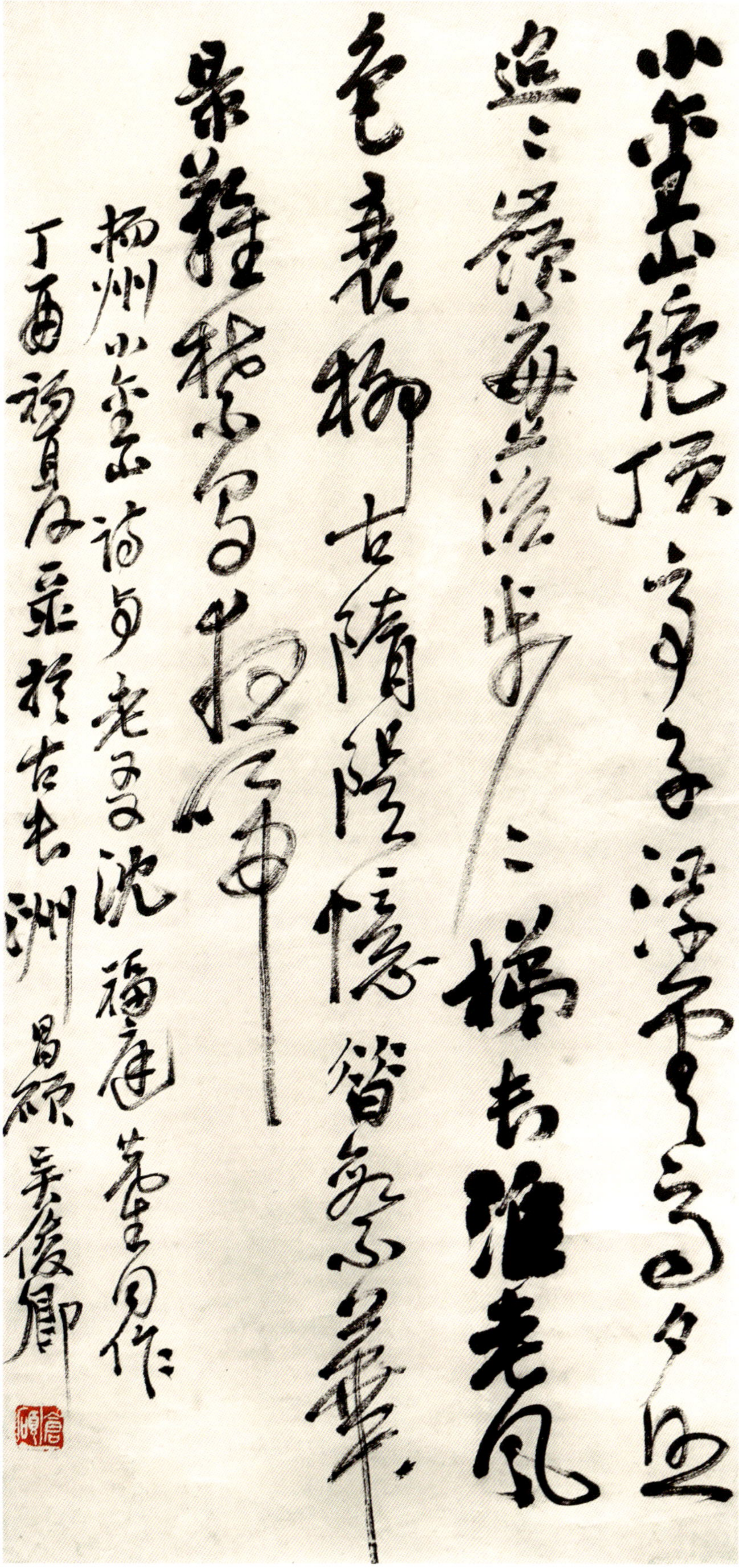

## 清 吴昌硕 行草扬州小金山诗轴

纵 68 厘米 横 33 厘米

苏州文物商店藏

◎ 此轴为吴昌硕行草自作诗，以篆隶笔法入行草，用笔迅疾，苍劲雄浑，气息深厚，结体上以左下右上倾斜取势，敧侧多姿。此篇诗稿随意洒脱，酣畅淋漓，枯润相宜，书卷气十足，为缶翁中年精品力作。

## 清 任颐 花卉翎毛图四屏

纵 151 厘米 横 36 厘米

苏州文物商店藏

◎ 此四幅花鸟屏条，作于光绪丁丑（1877
年）春正月。画面设色明净淡雅，清新活泼，
意趣生动，既传达出花鸟的形神又充满强
烈的主观感情色彩。笔墨简逸放纵、兼工
带写，格调明快温馨，富有创造性和巧趣，
实为其花鸟画中的逸品之作。

任伯年（1840～1895年），名颐，字伯年，
号小楼、次远、山阴道上行者、山阴道人等，
浙江山阴人。师从任熏、任熊，承接陈洪绶、
任熊画风。精人物、花卉，善写生。与吴
昌硕、虚谷、高邕之、胡公寿等画界名流
交往。海上画坛杰出的代表画家之一。

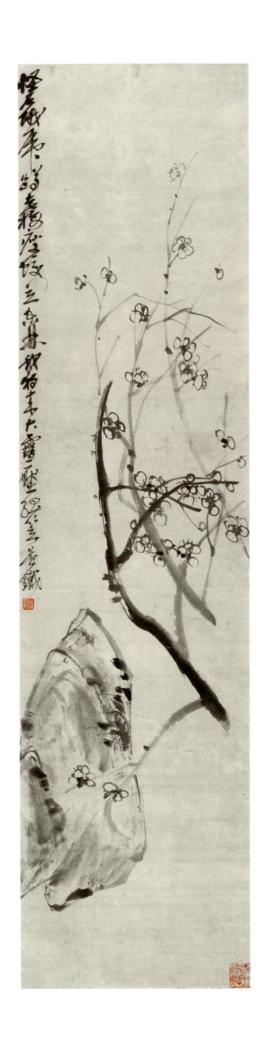

## 清 吴昌硕 **墨梅立轴**

纵 150.3 厘米 横 39.8 厘米
常熟博物馆藏

◎ 此图以金石、书法入画，落笔俊朗洒脱，
更多文人画意趣。

吴昌硕（1844—1927 年），原名俊，后改俊卿，
字昌硕，又字仓石，号缶庐、缶道人、苦铁，
又署破荷、大聋等，浙江安吉人。诗、书、画、
印皆精，为一代艺术大师，西泠印社首任社长。

## 近现代 何香凝等 《祝寿图》立轴

纵 100 厘米 横 32 厘米

柳亚子纪念馆藏

◎ 此轴乃何香凝等人为柳亚子祝寿所作。图左上角题
款为"一九五四年为亚子先生寿、双清楼主合作于北
京",下钤"双清楼主"(右上角题有"何香凝、廖
承志、潘素、周元亮、吴镜汀合作",钤有"镜汀、
周元亮、潘素、何香凝"印章四枚。图右下侧有郭沫
若跋文,题诗云"高山长水无疆寿,词伯诗豪万古垂。
浩浩南风传四海,森森古木一盘棋",落款"一九七三
年初应无忌兄之命补白、郭沫若"。

## 近现代 周瘦鹃 **梅花手卷**

纵 27.5 厘米 横 179.4 厘米
吴江博物馆藏

◎ 此图为周瘦鹃绘红、绿梅两种，并附题一诗。卷首有范烟桥题名"绿萼红妆"、钤印，卷末有陈墨移跋文、钤印。

周瘦鹃（1895～1968 年），名国贤，号香雪园主人、紫罗兰盒、寄庐等，江苏苏州人。南社社友，作家，园艺学家。1916 年任中华书局编辑，后历任《申报》、《新闻报》编辑，《半月》杂志等主编。解放后任全国政协委员、苏州博物馆名誉副馆长等。

綠萼红粧

集商卜文题紫罗兰室主人画稿　墨移

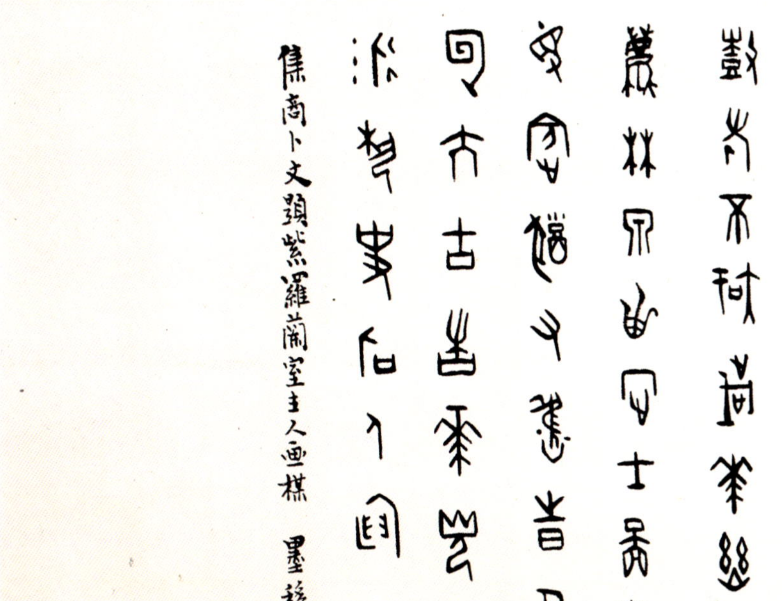

◀ **近现代 范烟桥 张辛稼等 清供立轴**

纵 144.1 厘米　横 79 厘米

吴江博物馆藏

◎ 此图系范烟桥、张辛稼等为周瘦鹃先生所作，所绘有盆松、苍石、植梅及插腊梅、山茶胆瓶等清供。上题梁简文帝春日诗句："年还乐应满，春归思复生。"并附题文、落款及钤印。

范烟桥（1894～1967 年），乳名爱莲，学名铺，字味韶，号烟桥，别署舍凉生、鸥夷室主等，江苏吴江人。善书画、工行草、写扇册、绘画等。

张辛稼（1909～1991 年），名枢，字辛稼，以字行，早年亦署星阶，别署"霜屋老农"，江苏苏州人。初学山水，后改习花鸟，声闻吴中。曾任中国美术家协会会员，苏州国画院首任院长等。"新吴门画派"代表人物。

▶ **近现代 黄宾虹 金阊虎阜图轴**

纵 135.7 厘米　横 32.8 厘米

苏州文物商店藏

◎ 此图作于 1924 年，描绘了姑苏城外虎丘胜迹。黄宾虹时年 59 岁，其与勖初先生同游虎丘冷香阁，追忆了 1909 年南社于此成立之时，与各位同仁雅集的盛况，抚昔追今，感叹不已。此幅山水取平远法构图，近处，山峦层叠，古松苍郁，几间屋舍错落有致；远处，山路蜿蜒，林木繁茂，庙宇掩映其间，云岩寺塔肖然耸立。此图构思平中见奇，近取其质，远取其势，笔墨枯润相间，有虚有实，繁而不乱。这幅作品不仅是黄宾虹绘画风格转变期的代表之作，而且具有重要的历史文献价值。

黄宾虹（1865～1955 年），初名懋质，后改名质，字朴存，号宾虹，别署予向、虹叟、黄山山中人。工诗文、山水，擅书法，兼治印。山水近承新安画派，上追宋元诸家，屡经变革，遂自成面目，对近代画坛影响深远。

## 近现代 吴湖帆、潘静淑 **金玉其相画册**

纵 20 厘米 横 28 厘米
苏州文物商店藏

◎ 两本，十八开，是吴湖帆夫妇 1935 年为纪念结婚二十周年而作，至二十四年潘氏去世止，以为传家之证。二十年、二十一年，为吴氏夫妇，每年结婚纪念分别邀请挚友金兆蕃、冒广生、夏敬观、李宣龚等题诗，门生王季迁、朱梅邨、陆抑非、徐邦达等作画，诗画合璧，相得益彰。最后两开为徐班索作画，张厚琬题诗，为吴湖帆长子吴孟欧订婚纪念所做。

吴湖帆（1894～1968 年），名万、倩，字东庄，号倩庵、丑簃，江苏苏州人。其梅景书屋培养了王季迁、陆抑非、徐邦达等书画名人。收藏甚丰，精鉴别、填词。山水宗"四王"、董其昌，上溯宋元各家，以雅腴灵秀享誉画坛，为海上重要名家。潘静淑（1892～1939 年），名树春，江苏苏州人，潘祖荫孙女、潘祖同女、吴湖帆之妻，出身名门，工书画。

金玉其相

湖帆賢伉儷乙亥四月為結褵二十
年之期金石玉珮拓集此冊以為紀
念此屬記大雅曰金玉其相以質
之西泠印金玉其相以題
此册以余王之愚以之業相有偶我
賢伉儷相偶為敔兵世戴德吉祥
京吳美葊此以頌之
丙子四月王同愈識時年八十有二

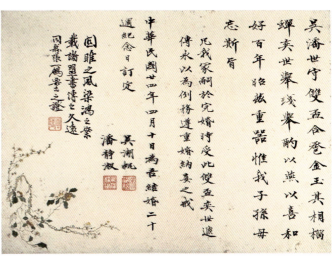

吳潘世守雙盂合卺金玉其相楹
蟬奕世舉珉舉珣以燕以喜和
好百年貽厥孫謀重器惟我子孫母
志斯旨
凡我家嗣於完婚待受此雙盂奕世遞
傳永以為例務遵重婚約矣之戒
中華民國廿四年四月十日為吾結婚二十
週紀念日訂定
吳湖帆　潘靜淑
囘睢之風梁鴻之案
戴諧盟書傳之久遠
同鼎張　爲券之證

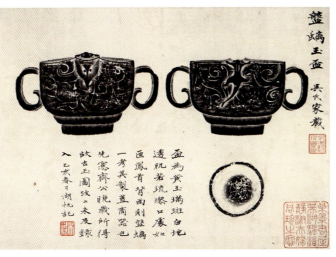

盤螭玉盂　吳氏家藏

盂為黃玉瑙斑白地
透肌若琉璨口廉如
畫鳳有背面則盤螭
一芳其製蓋商器也
先窻齋公晚年所得
故古玉圖攷之未及載
入乙亥春日湖帆記

閾香春霽
乙亥四月廿余與靜淑結褵二十週紀念
之辰吾作此圖于梅景書屋　吳湖帆

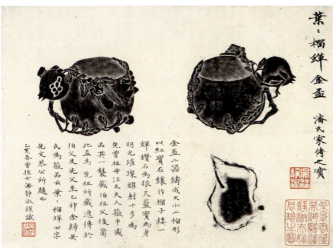

葉上榴蟬金盂　潘氏家傳之寶

金玉二器鑄成大小一榴形
以紅寶石鑲作榴子樣一
蟬琱璨璨射為眼天藍寶為身
明光琤璀盤射十步為
先曾祖母汪太夫人微之中藏
品其一榴藏伯祖父後歸
此盂二榴祖父藏遺傳於
伯父為藏品云葉上榴蟬四字
民先文恭公乙卯余歸吳
先文恭公所題也
乙亥春曾孫女潘靜淑謹識

靜淑

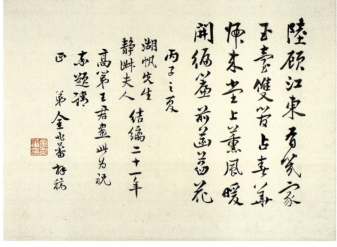

天香國色
丙子夏日
潘靜淑

湖帆夫子大人

靜淑師母大人第二十三年結褵紀念

戊寅四月　受業陸翀謹繪

醲兒醋婦傳家器連理

盤中芳醴味雙雙，勝過

玉鴛鴦一、鏤成金翡

翠合歡堂上調鸞吹

二十三絲飛動意年、

譜取定情詩彈作楚聲

清且麗　右調玉樓春

　　賦為

　湖帆仁兄

靜淑夫人結褵二十三年賀

戊寅四月　夏敬觀

己卯四月寫為
醒蓉夫子
靜淑師母大人二五年
婚禮紀念肄業徐翟蓬

儒雅延陵妙筆傳
原委穆木出南天仙
家風月重四晉王度
寫簫廿四年
己卯四月奉題
湖帆老友
靜淑夫人結褵紀念
墨巢宣龔

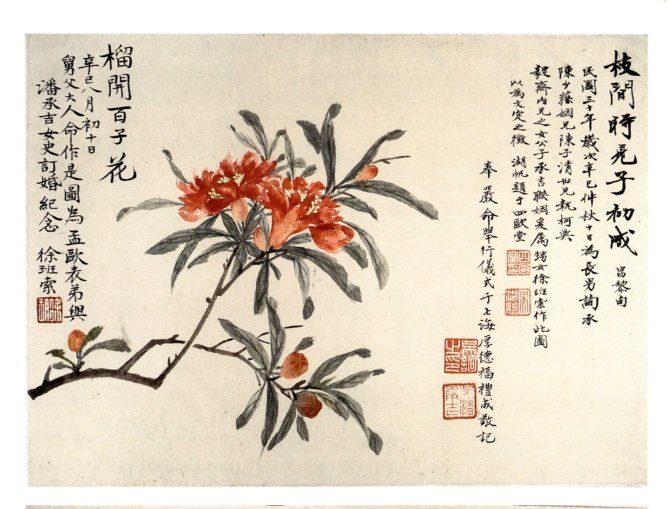

枝間時見子初成　昌黎句

民國三十年歲次辛巳仲秋十日為長男諭承
陳少簪姻兄陳子清世兄甥女
毅齋內兄之女公子承吉聯姻爰屬甥女徐班索作此圖
以為文定之徵　湖帆題于四歐堂

奉嚴命舉行儀式于上海
厚德福禮成敬記

榴開百子花
辛巳八月初十日
舅父大人命作是圖為孟歐表弟與
潘承吉女史訂婚紀念　徐班索

蟠螭玉斝　榴子金盃
綿二世德　蕭壽齊眉
壬午初夏
孟歐賢表姪　嘉禮
張厚琯題祝

## 近现代 张大千　伯劳木石图

纵 125 厘米　横 47.5 厘米
昆仑堂美术馆藏

◎　此图作于 1936 年。山石呈青绿色，树枝上的鸟叫伯劳，题跋中提到一人名：非闇，即近代著名画家于非闇，张大千与他是至交，当时两人分隔两地，张大千在画中寄托了对老友于非闇的怀念，创作了此画。左下方有"旧王孙"傅心畬的题词，从中也见证了 20 世纪 30 年代中期张大千与傅心畬的交往。

张大千（1899 ~ 1983 年），四川内江人，画风工写结合，重彩、水墨融为一体，尤其是泼墨与泼彩，开创了新的艺术风格，被誉为"当今世界最负盛名之国画大师"。

## 近现代 傅抱石 **少陵诗意图**

**纵 36 厘米 横 45 厘米**
**昆仑堂美术馆藏**

◎ 此图作于1963年。尺寸虽小，但精、气、
神俱全，山石苹苹酣畅，枫林明快淋漓，人
物生动传神，所画气韵生动，气势磅礴。
傅抱石（1904～1965年），原名长生、瑞麟，
号抱石斋主人。集画家、美术史论家、书法
篆刻家于一身，为"新金陵画派"代表人物。
在绘画技巧上，傅抱石大胆创新，特别是在
山水皴法上，有其独特的创造，后人称其为"抱
石皴"。

◀ **近现代 柳亚子 书法对联**

纵 137.9 厘米 横 23 厘米
吴江博物馆藏

◎ 此联为柳亚子行书"仗酒被清愁花销英气，
有绿杨眼见红烛心知"，上联题款"西华先
生属书"，下联题款"亚子录旧人集字句"，
并钤"柳亚子"朱印。

柳亚子（1887～1958 年），名慰高，号安
如，改字人权，号亚庐，再改名弃疾，字稼
轩，号亚子，江苏吴江人。创办并主持南社，
著有《磨剑室诗词集》和《磨剑室文录》等。

▲ 近现代 朱屺瞻 题字

纵 66.5 厘米　横 33.2 厘米
太仓市明德高级中学藏

◎ 此作为朱屺瞻甲子年（1984 年）所题。
朱屺瞻（1892～1996 年），名增钧，号起哉、
二瞻老民，江苏太仓人。其作品继承传统，
融会中西，致力创新，所作笔墨雄劲，气势
磅礴。曾任上海艺术专科学校教授、西画系
研究所主任、中国美术家协会顾问等。出版
有《朱屺瞻画集》、《癖斯居画谈》等。

## 元 剔犀如意云纹漆盒

直径 11.5 厘米 高 5 厘米
常熟博物馆藏

◎ 圆形，木胎。盖与盒座子母口扣合。盖面
中央雕三朵云钩纹，环绕乳丁，周剔刻如意
云纹六组，盖座外周施七朵云纹图案。漆层
堆积肥厚，通体为朱枣、黑枣两色更叠，枣
色间露出清晰黑线，色调沉穆，纹饰朴实，
盒底和内壁均髹黑漆。

▶ 明·嘉靖 **剔红八宝纹漆盘**

宽 11.8 厘米 高 2.2 厘米
苏州文物商店藏

◎ 八角形，敞口，弧腹，圈足。盘心刻一篆
书"寿"字，盘内壁开光间剔刻龙纹和牡丹纹，
外壁刻绘八宝纹，足内髹黑漆，中以金粉书"大
明嘉靖年制"六字二行楷书款。

▼ 五代 **青石抄手砚**

长 20.7 厘米 宽 12.7 ~ 14.7 厘米
高 3.7 厘米
吴中区文物管理委员会办公室藏
1979 年七子山五代贵族墓出土

◎ 青石质，淡青泛黄，造型简练，磨工精细，
不事雕饰。米芾《砚史》云："青石砚与潭
州谷山石砚同，淡青色，纹如乱丝，叩之无声，
得墨快、发光。"可知，青石中亦有制砚之佳石。

### 清 传是楼藏砚

长 9.4 厘米 宽 9 厘米 高 1.8 厘米
苏州博物馆藏

◎ 歙石，质细纯，呈青黑色。砚体方形，砚面成凹字状，四雕为沟槽式墨池，造型奇特。砚底中方刻有阴文篆书"传是楼"三字。凹字形底面还刻有清梁山舟题铭"水方流，四角周，溉石田，乃有秋"及"八十八老人山舟铭"二十字。砚左侧下方刻有阳文篆体"莲订书画"四字方印章一枚。传是楼为清康熙年间进士徐乾学的藏书楼名。

徐乾学（1631～1694年），江苏昆山人，曾任内阁学士，刑部尚书等职。奉命编纂《大清一统志》、《大清会典》及《明史》。此砚为传是楼旧藏之珍品。

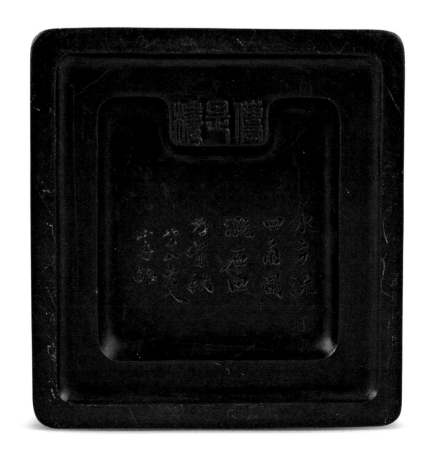

▼ **明　铜笔架**

长 16.4 厘米　底宽 2.2 厘米　高 5.8 厘米
吴中区文物管理委员会办公室藏

◎ 通体锻铸出错落有序的主峰山峦五座。右
侧主峰高耸，巍然屹立，周缘群峦连绵，显
示出崇山峻岭层峦叠峰，逶迤连绵的雄姿。
笔架色泽红褐，铜质致密，造型别致，构思
奇巧。

▶ **明 朱三松　竹雕山水香筒**

直径 4 厘米　高 24 厘米
苏州文物商店藏

◎ 竹制香筒，盖、底牛角为材，呈细长圆筒状，
浮雕、镂雕技法作山水人物，山石峰峋，古木
参天，亭台楼阁掩映其间，下端落"三松"款。
朱三松，名稚征，号三松，以号行世。生卒
年不详，活跃于明末，上海嘉定人。出身竹
刻世家。祖父朱松邻，工书善画，长于高浮雕、
圆雕、竹刻，创嘉定派竹刻。刻有笔筒、香筒、
杯、簪钗等。父朱缨，亦善书画，刻竹构思
巧妙，刻技精湛，有刘阮入天台香筒传世。
朱三松刻竹克承家学，多以文学作品为题、
所刻物象，神完情足，造诣颇深。

## 清　菠萝漆小笔筒

直径 5.5 厘米　高 10.1 厘米
苏州文物商店藏

◎　平口，直筒形，下承三浅足，通体髹菠萝
漆，瑰丽多姿。菠萝漆是利用生漆和绿松石、
丹砂、珊瑚、石英、青金蓝、朱砂等有色矿，
与动物质混合制成，多用于制作笔筒、笔杆、
砚盒等文房小件。

## 清 蓝釉迎客图雕瓷笔筒

高 13.7 厘米　口径 12.3 厘米　底径 12.3 厘米
吴中区文物管理委员会办公室藏

◎ 圆筒形，通体施浅蓝色釉。周壁以阴刻与浅浮雕相结合的技法，镂雕出一幅深山迎客图。画面近处刻画两座山坡：一坡刻出松树与落叶树二株，树干高耸，针叶密密，地面上野草丛丛；背面山崖上小树攀生，枝条摇弋。另一坡雕为：危岩屹立，卵石累累，前坡树木成林，坡后松树下有方形坡顶茅棚一座，草编屋面条纹清晰，草棚边垂柳一株，树干虬曲，枝条纷披。坡面灌木丛生，坡下山溪水平，波光粼粼。前山坡下有平屋三间，长窗依稀可见，屋面平缓，屋脊瓦楞清晰。屋前一仕人拜客，主人躬身相迎。两坡相隔，山坡夹径，小径尽头，山溪绕坡而流。远处崇冈叠岭，山峦连绵，近峰蜿蜒逶迤，松林片片，郁郁葱葱。笔筒底部镌"王炳荣作"篆体款铭。王炳荣，一作乾隆时人。《景德镇陶瓷史稿》作同治光绪时人，工雕瓷。

## 清 竹刻松林采药图笔筒

直径 12.9 厘米 高 14.7 厘米
苏州文物商店藏

◎ 圆筒形，底配红木座。整器浮雕而成，画
面以松林古柏为景，古松苍劲虬曲，枝繁叶茂，
松针如盖，间有仙鹤、麋鹿嬉戏于此。仕女
二人，一女肩荷药锄，一手爱抚雄狮，神情
温婉；另一女执锄侧立，掩口胡卢，一派祥
和之气。

## 清　黄杨木雕读书老人

宽 12.9 厘米　高 14.7 厘米
苏州文物商店藏

◎　黄杨木圆雕而成。老者圆顶大耳，双目炯炯有神，慈祥睿智，右手扶膝，左手捧书，身着宽衣大袍，坐于湖石之上。

▶ **清·乾隆 周芷岩 竹刻山水笔筒**

直径 9 厘米 高 14.6 厘米
苏州文物商店藏

◎ 直筒形，下承三矮足。以王蒙山水画为粉本，
浅刻而作。近处作片片溪塘，粼粼水波，塘边置
亭一座，内隐约有三人围坐，似对弈，似谈天。
中景巨松一株，树干高耸，枝叶茂盛，叠叠层层，
覆盖茅亭，荫及四周，顿觉凉风习习，舒坦爽气。
远景，勾勒逶迤连绵的高山峻岭，山不见麓，似
是云气弥漫，茫茫深邃。
周颢（1685～1773 年），字晋瞻，号雪樵，又
号芷岩，上海嘉定人。能诗画，尤擅画竹，其万
竿烟雨图，气含淇澳，梦落潇湘，有笔到兴随之妙。
山水秀润，仿王蒙最工。曾问业于王翚，得其指授。
善刻竹，吴之璠之后嘉定竹刻又一大家。

▼ **清 沉香木镶牙雕福寿纹如意**

长 41.5 厘米 宽 9.7 厘米 高 5.7 厘米
苏州文物商店藏

◎ 天然沉香木，截取一段，巧琢成树枝之天然形
态，蜿蜒盘曲，优美灵动，又以象牙染色雕琢成
寿桃、蝙蝠、花朵镶嵌其上，错落有致，惟妙惟肖。
整只如意圆雕、浮雕、镂空、阴刻等手法并用，
刀工娴熟，技法多样。

## 清·光绪 圆雕琥珀双儿

高 4.3 厘米　宽 4.6 厘米　厚 2.0 厘米
吴中区文物管理委员会办公室藏

◎ 琥珀质，通体透明，色泽金红。器作两孩
童交腿相坐互相嬉耍状。器底阴刻"张聋子制"
款铭。作者以简练的刀法，生动地塑造了儿
童天真、活泼的形象，尤其是两童子为抢夺
花果相互斗耍嬉戏的画面，刻划得惟妙惟肖，
妙趣横生、性格鲜明、艺术感强。
张聋子，佚名，清光绪年间天津人，人称张
聋子。善雕刻，是杨柳青年画的刻工，所雕
作品极受时人喜爱。

### 元·至正 朱碧山 **银槎杯**

高 11.4 厘米 宽 7.5 厘米 斜长 22.0 厘米
吴中区文物管理委员会办公室藏

◎ 银槎杯以仙人乘槎凌空飞越到达银河的神话故事为题材，将银酒杯巧制成树槎形的一叶扁舟。槎上一位老人仰坐着，仰首束发，颔下长须髯髯，身着宽袖长袍，腰束飘带，背靠槎尾，神态安逸怡然，双目注视远方，作乘舟凌空行游状。老人澹然放达的情态，童颜长须的容貌，透露出一股道骨仙风。槎舟枯枝杈枒，瘦节错落，舟尾斜翘，枯峰四起。舟身四周镂刻出缠绕的云气纹。槎杯的后背部刻有"元至正乙酉朱碧山造"阴文款铭。至正乙酉为至正五年（1345 年）。

朱碧山，字华玉，嘉兴渭塘人。后移居吴县木渎开银作铺。他的作品有槎杯、蟹杯、虾杯以及昭君、达摩像等。相传他所制作的蟹杯、虾杯，注入热酒后放在桌上会滑行，可谓绝技。他的传世作品仅有槎杯一种，而且数量极少。目前所知仅存三件，一件藏北京故宫博物院，还有一件为美国克利夫兰博物馆所藏。

## 明 螭纹犀角杯

口径 10.2 ～ 16.4 厘米
底径 3.9 厘米  高 9.0 厘米
吴中区文物管理委员会办公室藏

◎ 杯体口大足小，杯口为椭圆形，斜收腹，小平底。整器以圆锥形犀角结节凹洼的自然形态为体，以螭为纹巧雕而成。杯体色泽黑褐，通体摩挲，润泽光滑。杯体运用浅刻、浮雕与透雕相结合技法，在角杯的腹部、沿口及杯口内壁以卷云为地纹分别雕镂出蟠螭五条。同时，以杯底心为中心浅刻一组向上旋转的水涡纹，急旋的水涡至杯体的下腹部形成飞溅的浪花。五螭犹如出海之蛟龙，腾空飞越在云雾缭绕的苍穹之中。

## 清 杜士元 橄榄核雕
### "东坡夜游赤壁"

长 4.5 厘米 宽 2.5 厘米 高 2.5 厘米
常熟博物馆藏

◎ 核雕以橄榄核天然外廓弧线随形雕琢为船底与船篷。全船六人大如米粒。核舟底部有"乾隆乙丑年造，仙传杜士元行书"雕款。另有紫檀红木雕刻橄榄形外盒（仿风干橄榄形状），为苏州过云楼后裔顾氏捐赠。

杜士元，号鬼工，吴县（今江苏苏州人），清乾隆年间核雕工艺名家。

# 清 犀牛角杯

长 11.8 厘米 宽 9 厘米 高 7.5 厘米
苏州文物商店藏

◎ 整犀角雕制而成，角制细润，颜色褐红。
敞口，由上至下渐敛，平底。其上以浮雕手
法雕绘山水人物，刻画细致，施艺巧妙，刀
法娴熟，可谓制犀精品。

### ◀ 清 牛角龙形柄药匙

长 21.6 厘米　宽 7.2 厘米　高 3.4 厘米
常熟市中医院藏

◎ 整牛角雕刻而成。勺面呈椭圆形，稍内凹，
表面细腻光滑。勺柄雕刻成龙形，刀法古拙。
所选牛角纹理细腻，雕刻精美，既可作实用器，
亦可为古玩杂件佳器。

### ▶ 明 葫芦形金耳环

长 8.3 厘米
张家港博物馆藏

◎ 葫芦形，上部有纤细丝捏成的叶子形状，
做工精巧。葫芦有多子多孙、长寿之寓意，
自元代起常作为耳饰的流行样式。

### ▲ 清 金压发

长约 14.8 厘米　宽 0.9 ~ 1.2 厘米　厚 0.1 厘米
苏州市考古研究所藏
2011 年虎丘宋家坟出土

◎ 金质，整体造型呈长条形，正面头部卷曲上焊
接蝙蝠，其下为阴刻"寿"字，再下为阴刻花纹图
样，尾端圆弧形，背面素面有加工痕迹。

## 明 黄花梨书橱

长 87 厘米 宽 49 厘米 高 130 厘米
苏州园林博物馆藏

◎ 采用海南黄花梨制作，双门圆角、圆腿、
四腿间采用穿榫结构连接。如意纹长条牙板
设于两腿之间。页面以及锁鼻完整，双门为
落膛踩鼓式。

## 清 紫檀勾云纹条桌

长 98 厘米 宽 42 厘米 高 105 厘米
苏州园林博物馆藏

◎ 整器为小叶紫檀制作，台面夹角榫并接，低束腰，鼓肥彭牙式，牙板以及腿部雕饰勾云纹，四腿微棕角榫。内翻马蹄足雕内卷涡云纹。

## 清　红木双人玫瑰椅

长 90 厘米　宽 46 厘米　高 110 厘米

苏州园林博物馆藏

◎　双靠及椅足采用壶门式券口，步步高管脚杖，下设罗锅杖。椅面为细赛克藤面，造型独特。

明 "汲古阁"大石缸

长 100 厘米 宽 190 厘米 高 55 厘米
常熟市石梅小学藏

◎ 海棠石式，敞口敛足，腹微鼓，正面浮雕莲花图案，足刻如意头。石缸用焦山石制成。造型古朴，用以植荷，兼作太平水缸。宣统元年（1909 年）正月在东湖毛晋汲古阁废址觅得，运往常熟城内石梅，自虹桥起岸，60人历 3 天扛运，始得安置。

# 明　武经总要后集

长 25 厘米　宽 15.6 厘米
张家港市塘桥高级中学藏

◎　明刻本，宋曾公亮、丁度著。十五册，
二十一卷。辑录有历代用兵故事，保存了不
少古代战例资料，分析品评了历代战役战例
和用兵得失。

## 明·隆庆 沧溟先生集

长 27.4 宽 17.3 厘米
常熟理工学院图书馆藏

◎　明李攀龙撰，张弘道校，明隆庆六年
（1572 年）王世贞刻本，十六册，三十卷
附录一卷。
李攀龙（1514～1570 年），字于鳞，号沧溟，
历城（今山东济南）人，明代著名文学家。
继"前七子"之后，与谢榛、王世贞等倡
导文学复古运动，为"后七子"的领袖人物，
被尊为"宗工巨匠"。主盟文坛二十余年，
其影响及于清初。

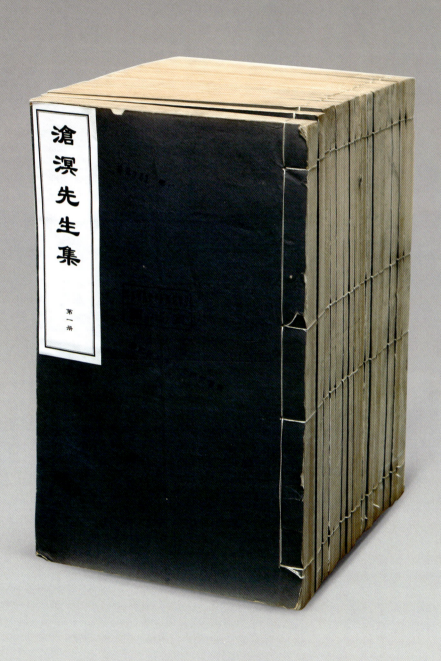

## 清 唐宋大家全集录

长 24.6 厘米　宽 16.3 厘米
张家港市塘市初级中学藏

◎ 清储欣撰，康熙四十四年（1705 年）刻本，
三十册。该书收录了唐宋十位文学家的文集，
包括《昌黎集》八卷，《柳河东集》五卷（缺
卷四），外集录一卷，《李习之集》二卷，《孙
可之集》二卷，《六一居士集》五卷，外集
录二卷，《苏老泉集》五卷，《苏东坡集》
九卷，《苏栾城集》六卷，《曾南丰集》二卷，《王
临川集》四卷，每集前附作者小传等相关资料。
本套书为天放楼旧藏，均盖有天放楼鉴藏印。

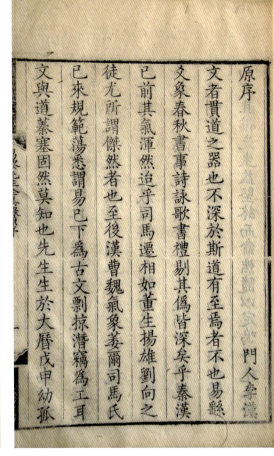

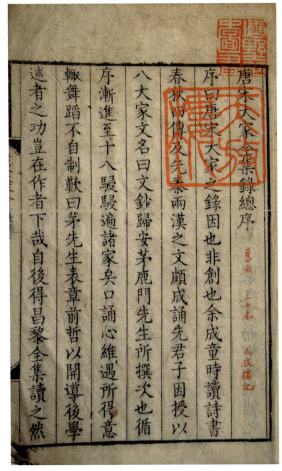

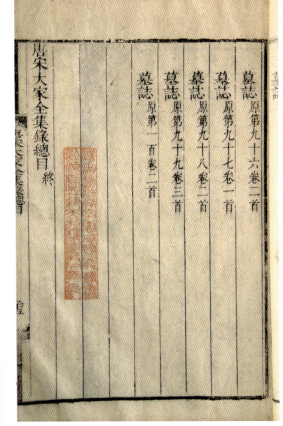

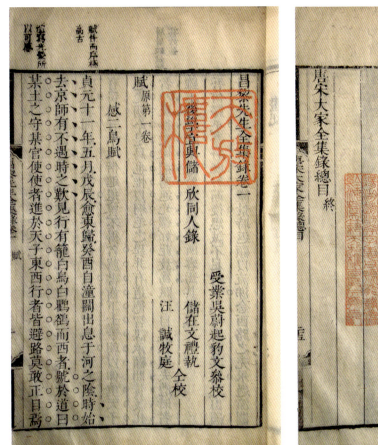

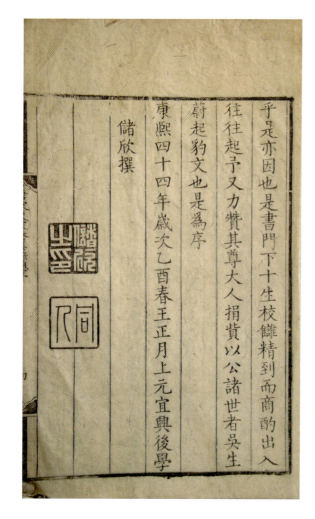

平是亦因也是書門下十生校讎精到而商酌出入

往往起予又力贊其尊大人捐貲以公諸世者吳生

蔚起豹文也是為序

　康熙四十四年歲次乙酉春王正月上元宜興後學

　　儲欣撰

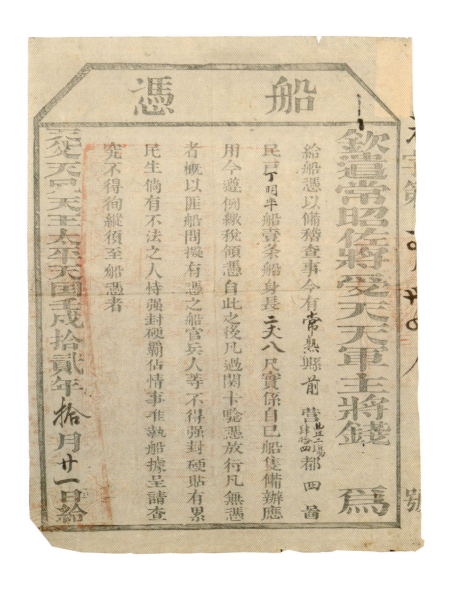

清　太平天国船凭

纵 30.7 厘米　横 24 厘米
常熟博物馆藏

◎　由左右两部分组成。右边为骑缝编号："天
字第一百二十四号"，并在骑缝处盖方印一方。
左边为一六边形，由一梯形（在上方）和一
长方形（在下方）合二为一。梯形中刻有"船
凭"两字（仿宋体，字大悦目），长方形中
刻或墨笔书船凭内容、发放者及发放时间。
此物实为太平天国政府向船户发放的通行证。

吴珍撷萃——苏州市第一次全国可移动文物普查精品选录